Thomas Migenda

Hotel Tritz
Erlebnis-Gastronomie

Thomas Migenda

Hotel Tritz

Erlebnis-Gastronomie

Rediroma-Verlag

Bibliografische Information der Deutschen Nationalbibliothek:
Die Deutsche Nationalbibliothek verzeichnet diese Publikation in der Deutschen Nationalbibliografie; detaillierte bibliografische Daten sind im Internet über http://portal.dnb.de abrufbar.

ISBN 978-3-96103-772-8

Copyright (2020) Rediroma-Verlag

Alle Rechte beim Autor

www.rediroma-verlag.de
9,95 Euro (D)

Einleitung

Eine Großfamilie, die vom Bergbau lebt, beginnt ein neues Leben tief im Bergischen Land und eröffnet eine Gaststätte. Die Geschichte des Buches beginnt in den 20er Jahren im Ruhrgebiet und setzt sich in Kürten fort. Die Eltern und insgesamt zwölf Geschwister werden alle namentlich benannt. Doch herausstechen wird der letzte Sohn der Familie, der auch am meisten mit der Gaststätte zu tun hat.

Es werden großflächig die Wirren des Zweiten Weltkrieges aufgearbeitet und die Sicht der einzelnen Menschen beschrieben. Hierbei möchte ich darauf hinweisen, dass es so beschrieben wird, wie es mir persönlich erzählt wurde. Das heißt, manche Stellen sind nichts für schwache Nerven.

Insgesamt werden vier Generationen beschrieben. Die erste, mit dem Familienoberhaupt, die zweite Generation, die den Laden fortführen wird und die Gaststätte mit leben füllt ... bis zur dritten Generation, die das Geschäft weiterführt.

Ich habe mir erlaubt, kein Blatt vor den Mund zu nehmen. Die Geschichte des Buches besteht aus Erzählungen der Zeitzeugen und der größte Teil der Sammlung stammt von Sepp und Heinz Tritz.

Die vielen Geschichten habe ich so oft gehört, dass sie mir eigentlich aus den Ohren hätten kommen müssen. Doch fand ich die Erzählungen von den alten Leuten so interessant, dass ich jedes Mal mit meinen Ohren an ihren Lippen klebte ... Da es sich um Erzählungen handelt, kann man die Richtigkeit sehr schwer unter Beweis stellen. Die Namen der Familie habe ich so gelassen, wie sie waren.

Doch um die anderen Namen, der tatsächlichen Menschen (auch wenn bereits verstorben) zu schützen, sind sie hier frei erfunden. Jede Ähnlichkeit mit realen Namen, wäre rein zufällig und ist nicht beabsichtigt. Dafür bitte ich im Vorfeld um Verständnis.

Inhaltsverzeichnis

Einleitung 5
Vorwort 9
Kapitel 1: Der Kohlenpott 11
Kapitel 2: Hotel Tritz 18
Kapitel 3: Erste Heilige Kommunion von Heinz 25
Kapitel 4: Der Laden muss laufen 29
Kapitel 5: Es geht aufwärts 38
Kapitel 6: Heti und Richard 46
Kapitel 7: Jungs und ihr Spielzeug 49
Kapitel 8: Das Reich wird größer 59
Kapitel 9: So langsam wird's ungemütlich 62
Kapitel 10: Bomben über Kürten 65
Kapitel 11: Arme Heti 67
Kapitel 12: Ottilie ist die Mutter! 72
Kapitel 13: Der Krieg geht in die Endscheidung 79
Kapitel 14: Fronturlaub 100
Kapitel 15: Sepp, der Fallschirmjäger 107
Kapitel 16: Die Gefangenschaft 115
Kapitel 17: Der Neuanfang 133
Kapitel 18: Die Neueröffnung der Gaststätte Tritz 148
Kapitel 19: Hans und seine beiden Söhne 154
Kapitel 20: Heti hat 'en Neuen 182
Kapitel 21: Heinz baut selber 192
Kapitel 22: Käthe, die Friseurin 213
Kapitel 23: „Die Kur" 217
Kapitel 24: Die dritte Generation wächst 223
Kapitel 25: Brigitte kriegt ein Kind 227

Vorwort

Mein Name ist Thomas … Ich bin in Bergisch Gladbach geboren und lebe von Kind an im Hotel Tritz in Kürten Waldmühle mit meinen Eltern, mit meinen Großeltern und auch mit meiner Urgroßmutter unter einem Dach zusammen.

Kürten ist ein Dorf in einer ehemaligen Grafschaft, die nach dem Grafen von Berg benannt ist. Also im Bergischen Land. Es ist in Deutschland und gehört zu Nordrhein-Westfalen. Auf Amtsdeutsch heißt es „Rheinisch Bergischer Kreis". Dieser Kreis ist in acht Gemeinden unterteilt: Leichlingen, Wermelskirchen, Burscheid, Odenthal, Bergisch Gladbach als Kreisstadt, Rösrath, Overath und mitten drin liegt Kürten. Der Rheinisch Bergische Kreis grenzt direkt an die Stadt Köln und so liegt das Hotel Tritz fast genau 30 km vom Kölner Dom entfernt . Insgesamt besteht Kürten selbst aus fünf einzelnen Dörfern mit je 4.000 Einwohnern.

Die Großeltern Heinz und Käthe Tritz sowie die Urgroßmutter Gertrud führten das Hotel. Meine Eltern waren beide Anfang 20, meine Mutter Brigitte hat Köchin gelernt und mein Vater Ulrich war Kaufmann. Sie beide waren im Begriff, den Betrieb zu übernehmen. Daher hatten sie wenig Zeit für mich und so hatte ich als Hauptbezugspunkt meine Großeltern. Sie zogen mich wie ihren eigenen Sohn groß. Da es sich um einen reinen Familienbetrieb handelte, blieb es nicht aus, dass ich im Tagesgeschehen voll involviert war.

Die folgenden Geschichten sind zum größten Teil von Heinz Tritz selbst erzählt worden. Wie wahr sie sind, lässt sich allerdings nicht mehr feststellen, da er und die meisten

Leute, bis auf wenige, denen ich die Geschichten zu verdanken habe, leider verstorben sind. Viele der Geschichten habe ich von mehreren, unabhängig voneinander, gehört und deshalb gehe ich von Wahrheiten aus. Warum schreibe ich eigentlich dieses Buch? Vor allem für meine Kinder! Sie sollen sehen, dass alles, was da ist, nicht einfach immer schon da war, sondern dass ein langer harter Weg jedem Gewinn vorausgeht. Aber dass es leicht ist, falsche Wege zu gehen, sich mit der Masse mitreißen zu lassen und am Ende als der Verlierer dazustehen. Des Weiteren habe ich die Geschichten auf Papier gebracht, damit sie nicht verloren gehen. Es mag wohl aus Liebe zu meinem Opa sein? Vielleicht wäre er stolz auf mich?

Doch andererseits findet man die eine oder andere Geschichte, die er mir erzählt hat und regelrecht verboten hat, darüber zu recherchieren oder gar zu reden ... Er hatte immer Angst, dass man von eigentlich guten und fürsorglichen Menschen einen falschen Eindruck erhalten könnte, die durch verschiedene „Umstände" oder durch ein politisches System missbraucht wurden und doch in Wahrheit ganz anders waren! Mich interessierte immer, wie es zum Dritten Reich kam. Wie er und die anderen es erlebt oder, eher gesagt, ausgehalten haben? Warum niemand etwas dagegen unternommen hat? Ich wollte es einfach erst mal verstehen. Ich wollte verstehen, wie die überaus lustigen Menschen diese in mehreren Kapiteln beschriebenen Gräuel mitmachen konnten und trotzdem noch Platz für Freude in ihrem Herzen hatten?

Und jetzt wünsche ich Ihnen eine spannende Zeit.

Kapitel 1: Der Kohlenpott

Ich wühlte mal wieder in irgendeinem Schrank rum und stieß auf ein Fotoalbum. Es war sehr alt! Die Bilder waren schwarzweiß und unter anderem fand ich ein Foto, auf dem ich meinte, meinen Opa in jungen Jahren zu erkennen. Ich wusste, dass er noch zwei Brüder hatte, die nicht weit von uns weg wohnten. Doch wer waren die vielen anderen auf diesem Foto? Ich zeigte es ihm und er erklärte mir, wer die Menschen darauf waren …

Wir machen eine Zeitreise in das Jahr 1922 …

In Gladbeck befindet sich eine Vielzahl von Zechen. Schulstraße 18 wird von der Familie Tritz bewohnt. Vater Josef ist 44 Jahre und von Beruf Wettersteiger. Er arbeitet in nahezu jeder Zeche als privater Beamter. Steiger sind die Bergleute, die als Erstes in den Schacht einfahren und zusehen müssen, dass die Arbeit im Schacht so sicher wie möglich ist. Wettersteiger sind für das „Wetter" unter Tage zuständig. Es ist damit gemeint, dass unter Tage eine

Sauerstoffzirkulation stattfinden kann. Dazu stellen sie erstmals fest, ob anfangs überhaupt Sauerstoff unter Tage vorhanden ist. Und dass die heißen Stollen mit kühler Luft durchströmt werden und dass es nicht zur Explosion kommt. Das alles wiederum bringt selbstverständlich mit sich, dass, wenn der Wettersteiger nicht mehr von der ersten Begehung nach oben steigt, die Bergleute gar nicht erst ins Werk einfahren dürfen.

Die Mutter Ottilie ist neun Jahre jünger als ihr Mann, sie hat ihn geheiratet, nachdem sie mit ansehen musste, dass er mit neun Kindern alleinerziehend war, da bei der Geburt der letzten Tochter seine Frau verstarb. Sie selbst war als Hebamme zugegen. Sie heiratete ihn, vielleicht aus Liebe, aber hauptsächlich aus Liebe zu seinen drei Jungs und sechs Mädchen, die keine Mutter mehr hatten.

Ottilie und Josef Tritz

Die 9 Kinder heißen: Lene, Hans, Elisabeth, Mia, Paul, Hanna, Hedwig, Willi und Josefine. Und da es zu dieser Zeit keinen Fernseher gibt, kommen dann noch Hermann, Josef (Sepp) und als letzter, 1926, der Heinz zur Welt. Sie leben lange Zeit in dieser Straße, in diesem Haus. Die Wirtschaft zur Weimarer Republik ist so schlecht, dass täglich 10 bis 20 Bettler an den Zaun kommen und die Kinder fragen, ob die Mama im Haus sei. Als eines Tages wieder einer am Zaun steht, laufen sie rein und sagen leise zu ihr: „Mama, da steht schon wieder einer."

Sie geht raus zu ihm und er fragte mit gesenktem Kopf: „Ich bitte um ein Butterbrot."

Sie geht wieder rein und schmiert ihm eins. Die Kinder bringen es ihm, er bedankt sich aufrichtig, packt es zu mehreren anderen Butterbroten und geht zum nächsten Haus mit der gleichen Frage. Was man dabei wissen muss, ist, dass alle 8 bis 16 Kinder haben. Die Brote nimmt er mit nach Hause, um sie den Kindern zu geben.

Die meisten Menschen in Deutschland sind sehr arm, haben keine Arbeit und demnach nichts zu essen. Sie hoffen auf Wunder, auf Arbeit. Sie würden 72 Stunden durcharbeiten, wenn sie dadurch nur ihre Kinder ernähren könnten … Dazu kommt noch, dass sehr hohe Kriminalität auf der Straße herrscht. Da viele nichts zu essen haben, sind Einbrüche und Raubüberfälle an der Tagesordnung. Linke und rechte Gruppen schlagen sich sehr oft auf den Straßen der gesamten Republik. Auch Übergriffe auf Frauen beherrschen das Tagesbild. Besonders Frauen trauen sich bei Dunkelheit nicht auf die Straße, um Raub und Vergewaltigung aus dem Weg zu gehen.

Und für Kinder gibt es nur ganz wenige gesellschaftliche Angebote, da der tägliche Kampf ums Überleben keinen

Platz für Spaß lässt. Dieses Leben bestimmt das nahezu ganze Land, seit fast 10 Jahren schon .

Wenn die Zechen dann doch schon mal Arbeit haben, kann man keine Sonne sehen. Die Straßen sind komplett schwarz. Auf allen Wegen, auf jeder Wiese, liegt pechschwarzer Kohlenstaub. Das ist der Gruben-Goldstaub. Und wenn die Mutter vergisst, die weiße Wäsche nach dem Waschen abzuhängen, sind alle Bettlaken genauso schwarz wie alles andere .

1932, in dem Jahr, wo die NSDAP an die Macht kommt, geht Heinz in Gladbeck in die erste Klasse. Die allererste Aufgabe, die der Lehrer für die I-Dötzchen hat, ist: „Kinder, malt mir einen Juden!"

So fangen die 5- bis 6jährigen Kinder an, Kinder zu malen. Der Lehrer sieht sich die Zeichnungen an, runzelte die Stirn und sagt: „Das sind doch keine Juden!" Er malt einen Juden an die Tafel. Hässlich! Mit Hakennase! Böse und sogar bewaffnet! Er sagt: „Das ist ein Jude! So, Kinder, jetzt malt nochmal einen."

Die Kinder, die es nicht verstehen und keine hässliche Gestalt malen, sondern ein ganz normales Kind, werden sofort mit dem Stock bestraft. So wird auch den Kleinsten die politische Gesinnung eingeprügelt! Die andere Seite ist, dass wie von Geisterhand die Arbeit auf einmal nicht mehr stillzustehen scheint. Die Zechen arbeiten rund um die Uhr. Keiner kommt mehr betteln. Und die Polizei greift bei allen rechtswidrigen Handlungen, gleich welcher Art, konsequent durch! Linke und rechte Gruppen sieht man nicht mehr auf der Straße und Frauen brauchen sich nicht mehr im Dunklen zu fürchten. Alle sind zufrieden.

Josef Tritz, der im Februar 1878 geboren wurde, ist jetzt 58 Jahre alt. Er hat durch seine Arbeit die Staublunge und eine Glatze. Als der Arzt ein schnelles Ende diagnostiziert, hat Josef eine Idee. Er zieht nach der Rente um, ins Bergische Land. Dort gibt es einen Luftkurort, Kürten.

Ich fragte mich, wie sein Vater auf die Idee kam, nach Kürten zu ziehen. Denn ich konnte mir nicht vorstellen, dass Kürten im ca. 100 km entfernten Gladbeck ein Thema gewesen sein soll ... Es kam wohl so:

Mutter Ottilie hat eine Schwester. Sie ist mit einem gewissen Paul Wienand verheiratet und führt mit selbigem eine Gaststätte, mitten in Köln. Die Gastronomie heißt „Stadtschänke" und liegt direkt am Aachener Weiher. Dorthin fährt fast regelmäßig die Familie. Manchmal auch Josef alleine, doch Heinz darf immer mit. Josef klagt dann seinem Schwager Paul immer nur, was der Arzt ihm jedes Mal diagnostiziert. Ein schnelles Ende! Doch Paul hat durch Zufall mitbekommen, dass eine kleine Gaststätte im Bergischen zum Verkauf steht. Seiner Meinung nach würde er ja damit mehrere Fliegen mit einer Klappe schlagen. Er wäre raus aus dem Staub und Dreck des Ruhrgebiets und hätte als Rentner ein gutes Zubrot. Die Gaststätte ist so klein, dass er die Arbeit schon gut bewältigen könnte. Und hinzu kommt noch, dass Kürten ein Luftkurort ist. Das ist genau die Gegend, die Josef noch braucht, um zu überleben. Da aber Josef keine Ahnung von Gastronomie hat, ist er immer noch ein wenig skeptisch. Doch Paul hat wieder alles im Griff. Josef soll mal öfter in die Stadtschänke kommen und so wird er alles von Paul lernen, was er für diesen kleinen Laden braucht. Wie gesagt, Heinz ist meistens mit dabei.

Und so kommt es, dass ihm immer wieder der gleiche Mann ins Auge sticht. Er ist Stammgast von Paul und hält alle anderen Gäste bei Laune. Er ist ein echtes Unikum. Er hat eine ausgezeichnete Situationskomik. Er dichtet viele Lieder in der Kölschen Mundart, die von allen gesungen werden. Er heißt Willi Ostermann. Er ist wohl die Kölner Karnevalsikone überhaupt. Heinz, der nur Kohlenpott-Dialekt redet, versteht anfangs kein Wort. Doch der alte Mann hilft ihm ab und zu auf die Sprünge. Heinz ist von diesem Mann wohl fasziniert ... und mit Karneval kann er sich auch anfreunden. Josef ist sich mittlerweile sicher, den Laden in Kürten zu kaufen. Und das macht er auch.

Die letzte Schicht beginnt. Er, als Wettersteiger, fährt in die Tiefe der Zeche. Als er wieder hochkommt, wird der Gesang seiner Kumpels immer lauter. Sie singen das Steigerlied zu Ehren seiner letzten Schicht. „Glück auf, Glück auf. Der Steiger kommt." Und er hält sein helles Licht in der Hand. Sie wünschen ihm alles Gute für die Zukunft und schenken ihm seine Grubenlampen. Sie haben ihm die Lampen nochmal neu fertiggemacht. Von allen Zechen eine. Diese Lampen schenkt er all seinen Kindern, als Zeichen, wo sie letztendlich herkommen.

Nun geht's los ins neue Land. Weit weg aus dem Staub und Dreck.

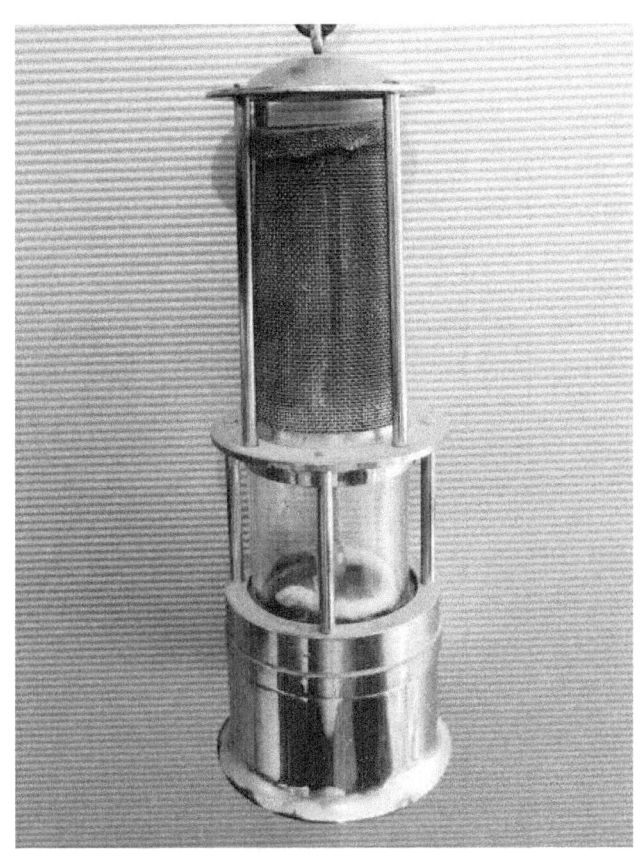

Bergmannslampe von 1935

Kapitel 2: Hotel Tritz

In Kürten, im Ortsteil Waldmühle wohnen heute ca. 800 Menschen. Der Ort besteht aus „alt Waldmühle" und dann liegt etwas abseits eine größere Siedlung, die auch zum Ort gehört. Auf meine Frage, wie es früher aussah, bekam ich folgende Antwort:

Wir schreiben das Jahr 1937 ... Josef Tritz hat eine kleine Gaststätte in Kürten, Ortsteil Walkmühle von der Familie Kahlenbach gekauft. Er zieht mit seiner Frau, mit Hermann, Sepp und Heinz in das Haus, was 1880 bis 1890 aus dem eigenen Steinbruch erbaut wurde. Dieses Haus wurde kurz vorher zur Gaststätte umgebaut. Vorher war es eins von zwei Häusern, wo Leder für Sättel und Schuhe gewalkt wurden. Daher hat der Ort seinen Namen. Walkmühle.

Der Ort selber besteht aus insgesamt fünf Häusern. Als erstes das Haus der Familie Küppers, dessen Familienoberhaupt in der Kaiserlichen Garde Berlin Tambourcorpmajor war. Als Stabhalter war er in der Lage, ein ganzes Regiment mit seinem 1,2 langen Stab anzuführen. Dazu konnte er diesen weit hoch werfen und während des Marschierens wieder auffangen. Er beherrschte die Technik, den Stab so zu schmeißen, dass auch der letzte im Tross wusste, in welche Richtung marschiert wurde. Diese Technik versucht er denen beizubringen, die sich dafür interessieren. Das zeigt er auch allen mitten auf der Hauptstraße. Man muss dazu sagen, auf dieser Hauptstraße, der Wipperfürther Straße, ist nicht viel Verkehr...

Als zweites war da das Haus vom Herrn Schmitz, er ist Schuster. Er fertigt selber die Schuhe, die er verkauft. Er lebt dort mit einer Haushälterin und deren Sohn sowie mit seiner Mutter zusammen. Sie ist weit über 90 Jahre alt. Sie erzählt immer davon, wie ihre Oma ihr immer erzählte, dass um 1812 Napoleon Bonaparte persönlich in ihrem Haus übernachtete. Vieles in Kürten zeugt von Napoleons Truppen. Ganze Ortschaften sind danach benannt. Herr Schmitz heiratet die Haushälterin und den Sohn Willi nimmt er an, als wäre er sein eigenes Kind. Doch behält er den Namen seines echten Vaters. Der kleine Junge heißt Willi Zangerl.

Dann gibt's da die Hufschmiede der Familie Boxberg. Sie wohnen leicht erhöht, die Schmiede befindet sich unterhalb, direkt an der Straße. Sie haben am meisten zu tun, gefühlt steht die ganze Welt mit Pferden vor der Türe.

Es gibt auch die Bäckerei Herweg, direkt am Ortsanfang. Sie verkaufen Brot und Brötchen und selbstverständlich haben sie auch eine Mühle mit Wasserrad. Da dieses Wasserrad täglich in Gebrauch ist, wurde der Name von den Beamten aus Kürten falsch geschrieben.

Jetzt heißt der Ort Kürten-Waldmühle. In Anlehnung an die Getreidemühle.

Das Hotel wird jetzt von der Familie Tritz weitergeführt. Die älteren Geschwister zogen bereits aus. Lene, die älteste aller Geschwister, sie wurde 1901 geboren, verschlägt es nach Siegburg, wo sie als Krankenschwester arbeitet. Hans, der 1903 geboren wurde, lebt jetzt in Lücho. Er verdient sein Geld als Physiotherapeut und ist leidenschaftlicher Reiter. Elisabeth wurde 1905 geboren, sie ist mit 18 Jahren an TB gestorben. Ihr jüngster Bruder Heinz ist zu dieser Zeit gerade mal drei Jahre alt. Er hielt seine Schwester in der Sekunde ihres Todes in seinen Armen, während der Deutsche Schäferhund der Familie neben dem Bett lag. Knurrend und zähnefletschend versuchte er Elisabeth und Heinz zu beschützen. Diese Erfahrung war für den kleinen

Heinz so schlimm, dass er sein ganzes Leben lang die Elisabeth-Serenade hört und sie immer leise summt.

Mia war im Jahre 1908 geboren, sie lernte Krankenschwester. Da die medizinische Versorgung desolat war, starb sie an Nierenversagen. Paul wurde 1910 geboren und arbeitete bei der Handelsmarine in Hamburg. Als nächstes in der Folge kam 1912 Hanna zur Welt. Doch auch sie starb 1935 mit gerade mal 23 Jahren an Lungenentzündung. 1915 wurde Hedwig, genannt Heti, geboren, sie lebt mittlerweile in Hamburg und führt dort einen Blumenladen. Der achte In der Reihe war Willi. Er wurde 1917 geboren und studierte Architektur in Essen. Josefine kam 1919 zur Welt. Sie arbeitete in Essen im Krankenhaus als Schwester. Sie war erstmals die jüngste der neun Geschwister, bei ihrer Geburt starb die Mutter der Familie und Josef stand als allein erziehender Vater da und musste jetzt zusehen, wie es weitergeht. Ottilie Bloch hieß die Hebamme, die die Geburt der kleinen Josefine leitete. Sie konnte es einfach nicht über's Herz bringen, die kleinen Kinder und den total überforderten Mann alleine zu lassen, und kümmerte sich um die Familie. Sie heiratete sogar Josef, den pensionierten Beamten.

Ottilie war jetzt die neue Mutter. Sie war 1885 geboren und war Hebamme und Kinderkrankenschwester.

Nach der Hochzeit mit Josef kamen dann noch drei weitere Kinder zur Welt. Hermann, Sepp und Heinz, sie wohnen hier unter einem Dach. Jetzt heißt es erst mal, mit dem Dorf warm werden … Die Leute im Dorf sind zunächst verschlossen. Aber wenn das Eis gebrochen ist, sind alle sehr zugänglich und ausgesprochen umgänglich. Allerdings sollte man wissen, wo das Dorf zu Ende ist. Denn andere Dörfer, andere Sitten. Ich rede hier von drei oder vier Kilometern.

Gemüse erhalten sie von der Familie Stefer, die einen Bauernhof in Kürten, Ortsteil Enkeln, unterhält. Am Fuß des Hofs steht die älteste Ilex-Pflanze. Ilex, auch Hülse genannt, wächst in den Bergischen Wäldern überall.

Die Grundversorgung ist gesichert! Gemüse kommt von Stefers, Fleisch bekommt man aus dem Oberdorf, in der Nähe der Kirche ist der Metzger, er heißt mit Nachnamen wie das Dorf, Kürten. Backwaren werden in der Nachbarschaft bei Herwegs geholt und für die Milch und Eier hat die Familie eine eigene Kuh mit ein paar Hühnern im kleinen Stall stehen.

Hotel Tritz 1936

Für größere Besorgungen fährt die Familie ab und zu nach Bergisch Gladbach. Dort ist samstags immer Markt. Mutter Ottilie kauft ein. Josef sagt, dass er noch Zigaretten braucht. Er nimmt Heinz an die Hand und geht. Über die

Hauptstraße fährt die Straßenbahn und vor dem Rathaus in Bergisch Gladbach steht ein Kiosk. Schnurgerade gehen sie darauf zu, um seine Sucht zu befriedigen. Am Kiosk angekommen stehen sie neben einem etwas kleineren alten Mann. Er hat eine Offiziersmütze aus dem Krieg und eine viel zu große Jacke an. Heinz stellt sich zwischen diesen alten Mann und seinen Vater. Er zeigt auf die Schokolade und fragt, „darf ich die haben?". Josef hat mal wieder abgezähltes Geld in der Tasche und sucht gerade so viel Geld aus seinen Taschen, dass er seine Eckstein-Zigaretten bezahlen kann. Da bückt sich der alte Mann mit dem großen gezwirbelten Bart zu Heinz runter und fummelt in der Nähe von seinem Ohr rum. Und, zack, da fallen wie aus Zauberhand aus Heinz' Ohr ein paar Münzen. Der Mann lacht und gibt sie ihm. „Hier, für deine Schokolade."

Die Leute, die in der Nähe stehen, schütteln lächelnd den Kopf und sagen: „ Hexe Köbes ..."

Hexe Köbes' Statue in der Innenstadt Bergisch Gladbach

Heinz sieht auf der Straße eine Familie mit Judenstern am Anzug. Es ist komisch, sie haben eigentlich überhaupt nichts mit dem zu tun, was er so in der Schule gelernt hat. Sie sehen genauso aus wie alle anderen. Haben keine anderen Sachen an, sind friedlich und bestreiten ihr Leben wie der Rest der Gesellschaft. Aber die Erwachsenen wissen wohl, warum. Er weiß damit trotz allem nichts anzufangen.

Was er zu dieser Zeit nicht weiß, ist, dass Menschen jüdischen Glaubens fast in der ganzen Welt für eine Sache und damit folgende hausgemachte Probleme zur Verantwortung gezogen werden. Die weltweite Judenablehnung soll wohl in biblischer Zeit entstanden sein. So soll Judas Jesus Christus an die Römer verraten haben. Da Judas ein Jude war, hat man so alle Juden des Verrats beschuldigt. Demnach durften bis in die 1940er Jahre Juden in manchen Ländern der Welt nur in den Außenbezirken wohnen und wurden nur widerwillig in den Städten geduldet . Die Beschuldigungen gingen so weit, dass ihnen das Recht entzogen wurde, handwerkliche Tätigkeiten auszuüben. Sie durften nur noch Geldgeschäfte abwickeln. Weil dieses Geschäft als das dreckige und handwerkliche Arbeiten als das ehrenwerte Geschäft galt! Das hatte zur Folge, dass sie, wenn auch zwangsläufig, sich dem Handel annehmen mussten. Wie sollten sie sonst überleben? Wenn man sich dann mal überlegt, dass der Handel über Generationen weitergegeben wird, dass die Erfahrungen weit über 1500 Jahre wachsen konnten, waren sie die perfekten Händler, die sich mit Geld auskannten wie kein anderer! Geld ist Macht …! Man dichtete ihnen einfach und wieder einmal pauschal ungeahnte Macht zu. Sie wurden für jede weitere Sünde verantwortlich gemacht. Niemand nahm richtig Notiz davon, wenn Juden die Würde genommen wurde. Die

Strafen für Verbrechen an Juden, ob Beleidigungen oder sogar nonverbale Attacken, waren fast lächerlich gering! Eigentlich wurden Juden überall verfolgt, doch jetzt kam Hitler mit seinen Schergen! Sie trieben den Judenhass voran. Anfangs dichteten sie die schlimmsten Geschichten über Juden. Und wenn eine kleine vielleicht auch wahre Geschichte, die höchstens als Lappalie abgestempelt werden konnte, aufkam, wurde sie sofort völlig übertrieben, aus jeglichem Zusammenhang gerissen und völlig überdimensioniert weitererzählt und möglichst im ganzen Land verbreitet. Das war der erste Schritt. Zu dem kam die Stigmatisierung. Jeder Jude musste einen Judenstern an der Kleidung tragen!

Der zweite Schritt war, dass sie die Geschäfte der jüdischen Kaufleute boykottierten und in sogenannten Kristallnächten in Brand setzten. Und als dritten und letzten Schritt hatten sie vor, alle Juden systematisch und sogar industriell zu ermorden! Sie ließen keine Schande aus ... so stand zum Beispiel über dem Konzentrationslager Auschwitz der Schriftzug: „ Arbeit macht frei". Das sollte wohl heißen, dass Juden freiwillig in solch ein Lager gehen sollten, um dort endlich ehrenwerte Arbeiten leisten zu können, und so die Chance erhielten als vollwertige Menschen behandelt zu werden. Tatsächlich war es ein reines Todeslager!

Was in diesen Todeslagern tatsächlich passierte, wurde vom Rest der Gesellschaft mit allen Mitteln ferngehalten. Vielmehr wurden Gerüchte verbreitet, dass sich Reiche Juden in KZs einkaufen könnten und dort ein weitaus besseres Leben führen würden.

Kapitel 3: Erste Heilige Kommunion von Heinz

Als ich zur ersten Heiligen Kommunion gehen sollte, hat mein Opa sehr darauf bestanden, dass ich genauso angezogen in die Kirche ging wie alle anderen Kinder. Er fragte fast alle Eltern meiner Klassenkameraden, was ihre Kinder anziehen würden. Wie die Feier von ihnen aussah? Was vorbereitet wurde? Und außerdem war an dem Tag die Gaststätte geschlossen! Dieser Tag sollte ausschließlich mir gewidmet sein. Irgendwann hat er dann erzählt, was ihm bei seiner ersten Kommunion passierte. Da wusste ich dann, warum er sich so ins Zeug für mich legte. Er wollte mir diese Schmach ersparen ...

Die Kinder gehen im Oberdorf in die Volksschule, sind wie alle anderen sehr christlich und überwiegend katholisch, sie waren in Gladbeck sogar im Kinder-Kirchenchor.

Kurz nach dem sie nach Kürten gezogen sind, steht für Heinz die erste Kommunion in der Kirche St. Joh. Baptist an. Mutter Ottilie hat schon in Gladbeck einen Anzug für ihn fertigen lassen. Er sitzt wie angegossen. Es ist ein Matrosenanzug. Da blaue Kleidung sehr aufwendig ist herzustellen, ist dieser Anzug besonders wertvoll. Sehr teuer, aber für klein Heinz nur das Beste!

Der lang ersehnte Weiße Sonntag ist da. Alle machen sich parat, abends vorher mussten alle baden und Heinz durfte als erster. Alle ziehen den Sonntagsanzug an. Mit gekämmten Haaren zieht die ganze Familie ins Dorf. In der Kirche wird Heinz sofort zu den anderen kommunizierenden Kindern gestellt ... Er sieht sich um und muss feststellen, dass er der einzige mit solch einem Matrosenanzug ist! Alle Kinder lachen ihn aus, zeigen mit dem Finger auf ihn. Je mehr er sich schämt desto rötlicher wird sein Gesicht. Und je mehr wird über ihn gelacht. Am liebsten würde er jetzt vom Erdboden verschluckt werden ...

Hermann, Heinz und Sepp

Doch bei dieser Schmach sollte es nicht bleiben.

Mir fiel auf, dass bei dem extrem lupenreinen Bergischen Platt, was mein Opa sprach, ein bestimmtes Wort oder eher eine bestimmte Geste herausstach, die ein Überbleibsel aus dem Kohlenpott war. Wenn er etwas durch „ja, sicher" bestätigten wollte, tat er es mit dem Kohlenpott-Akzent. Da er ja in Gladbeck geboren wurde und auch elf Jahre dort lebte, spricht er reinsten Kohlenpottdialekt. Und schon wieder ein perfekter Angriffspunkt. Alle hänseln ihn mit „Ausländer" oder sie machen Anstalten, wenn er was sagt, als würden sie ihn überhaupt nicht verstehen, gar akustisch nicht hören können … Keiner will was mit ihm zu tun haben. Er steht die ganze Zeit in der Schule im Abseits. Er zeigt nicht mehr auf, er redet so wenig wie möglich, kommt geknickt Tag für Tag aus der Schule, die Noten werden immer schlechter und schließlich hat er einfach keine Lust mehr, in die Schule zu gehen. Er sagt seinen Eltern, dass er nicht mehr in die Schule gehen will. Sein Vater hat sich durch den Verlust seiner drei Kinder zum eigenen Schutz zu einem harten, teils tyrannischen, aber auch durch Staublunge kranken, alten, gezeichneten Mann entwickelt, der aber trotz allem Zigaretten raucht wie ein Kamin. Sein Vater wird wild vor Wut! Er macht ihm klar, dass, wenn er die Schule schwänzt, er Heinz in die Schule prügeln würde!

Heinz überlegt sich schließlich, was er in der missgünstigen Lage machen kann. Mit Hilfe ist nirgendwo zu rechnen. Also entwickelt er ein System. Er lernt akribisch, Tag und Nacht, die Bergische Mundart. Er versucht den „Pott" vollkommen abzulegen.

Er ist im fünften Schuljahr, sein Bruder Hermann ist in der siebten Klasse. Es dauert ca. vier Wochen und es kommen die ersten Bergischen Brocken über die Zunge. Sein später bester Freund, Hubert, geht auf ihn mit drei anderen zu, um ihn wieder zu schupsen und zu schlagen, da sagt er: „Pass op! Sünns holl isch minge Broder ... Der met der Helpebotz!" (Übersetzt: Sonst hole ich meinen großen Bruder, der mit den Hosenträgern) Hosen mit Hosenträgern, haben nur die großen Kinder. Und er meint damit seinen Bruder Hermann, der sich schützend vor ihn stellt. So ist das Eis gebrochen. Sie nehmen ihn an als einen von ihnen. Um das alles noch auszubauen, lassen er und sein Bruder nichts aus, um weiter Anschluss zu finden. Neben der Tafel hängt eine andere Tafel mit nahezu allen Namen aus der Schule. Er geht zum Lehrer und fragt, was das für eine Liste sei.

„Das", sagt der Lehrer, „sind alle die, die in der Hitlerjugend sind. Wieso? Willst du auch mit in die HJ?", fragt der Lehrer mit Freundlicher und verständnisvoller Stimme.

Hermann und Heinz gehen nach Hause und fragen den Vater. Der guckt verwundert und sagt, „da hab ich keine Ahnung von. Ich weiß nur, dass da viel Wind gemacht wird. Ob's was bringen würde, weiß ich nicht. Meinetwegen, es gibt Wichtigeres."

Kapitel 4: Der Laden muss laufen

Ich fragte mich, wie es eigentlich dazu kam, dass sein Vater als Nazi von manchen verschrienen wurde? War er immer schon extrem rechts gewesen? Doch mein Opa schüttelte den Kopf. Sein Vater war ja privater Beamter und deshalb konnte er sich eine politische Zugehörigkeit vor der verschiedenen Kundschaft überhaupt nicht leisten. Doch auch er wurde in den Bann gezogen!

Da Josef ein pensionierter Wettersteiger ist, kommt er jetzt in die Gastronomie, wie die Jungfrau zum Kind kommt.

Mal wieder fährt er in die Stadtschänke zu seinem Schwager Paul. Er will fragen, was man machen muss, um den Laden mit Gästen zu füllen. Er kommt mit seinem Heinz in die Kneipe, doch auch dort ist viel weniger los als bei allen letzten Malen, wo die beiden ihn besucht haben.

Wienand lebt immer noch von seiner Stammkundschaft. Darunter fallen viele Juden. Das muss wohl der Grund sein, dass viele seinen Laden meiden. ihm begegnen sogar Menschen, die ihn offen darauf ansprechen, tunlichst keine Juden mehr zu bedienen! Doch er hält an seinen Gästen fest. Es soll wohl nur die Aussage gewesen sein, dass er sich auf die Stammkundschaft konzentriert, worunter halt auch Juden fallen könnten, dass die Stadt ihm überhaupt nicht mehr gut gesonnen ist! Dazu kommt noch, dass Pauls bester Freund Willi Ostermann verstorben war. Und doch werden seine Lieder von der Stammkundschaft weiter gesungen.

Paul sieht Heinz und hört, wie er mittlerweile redet, und ist von Heinz fasziniert, wie gut er die Kölsche Mundart beherrscht. „Dein alter Freund Willi wäre bestimmt stolz auf dich."

Doch alle Mühen von Wienand haben wohl nicht gereicht. Kurze Zeit später wird die Kneipe geschlossen! Josef hat die Konzession beantragt und wartet nur noch darauf, dass diese bewilligt wird. Allerdings nehmen die Nachbarn ihm den Wind aus den Segeln. „Josef, hier war nie viel los. Und die Kahlenbachs waren eine alt eingesessene Familie. Wie willst du denn den Laden ausbauen, wenn du noch nicht einmal von hier kommst?"

Die Leute im Dorf sind gar nicht so abgeneigt der Familie gegenüber. Die Kinder haben eine Menge Freunde im Dorf, aber es wartet niemand auf die Eröffnung der Kneipe. Dazu kommt noch, dass Vater Josef einfach nicht gesundet. ihm geht es gleichbleibend schlecht. Zwar fragt er immer seine Frau nach Rat, was er wohl habe könnte, sie sagt immer nur genervt: „Ich bin Kinderkrankenschwester, kein Arzt! Geh zum Doktor, der hilft dir vielleicht. Aber es wird vielleicht einfach nur an deiner Staublunge liegen."

Eines Tages geht er dann im Dorf zum Arzt. Er wird untersucht und der Arzt hat eine simple Erklärung.

„Herr Tritz, Sie müssen unbedingt mit dem Rauchen aufhören! Am besten auch den Kautabak weglassen! Sonst kann ich nichts mehr für Sie tun."

Er sah den Arzt an und sagte: „Lieber 99 Jahre gut gelebt als 100 Jahre schlecht gelebt."

Der Arzt entgegnet ihm: „Dann rauchen Sie ruhig weiter!"

So kommt er mit dieser Diagnose nach Hause. Seine Frau und alle drei Kinder fragen gespannt, was der Arzt gesagt hat. Er setzt sich in den Sessel und sagt, man soll nicht Rauchen! Niemals! Auf keinen Fall! „Rauchen ist

extrem schädlich. Wenn ich nur einen von euch beim Rauchen erwische, dann seid ihr reif! Ich verspreche euch, es gibt mehr Prügel als zu essen!" Den Satz noch nicht zu Ende gesprochen, da ruft er schon nach Ottilie. „Bring mir mal den Aschenbecher." Und zündet sich eine Zigarette an.
Er überlegt, was man machen kann, was es in Kürten noch nicht gibt. Oder was man besser machen könnte. Da fallen ihm als erstes seine Backkünste ein. „Ich zeig euch mal, wie gut ein Kuchen schmeckt, den ich selber backe!"
Ottilie fragt: „Was ist mit Herwegs?"
Josef: „Och, das kann ich viel besser!"
Mit ängstlich aufgerissenen Augen guckt ihn die ganze Familie an. Man muss dabei sagen, dass er, seit er Kind war, im Bergwerk unter Tage gearbeitet hat. Es war ein extrem harter Job. Man darf da unten keine Angst haben, Staub und Dreck gehören sowieso dazu. Also, Hygiene war für ihn eher ein Luxus, von dem er sich schon lange verabschiedet hat!
So fängt er an, einen Streuselkuchen zu backen. Ottilie kommt zu ihm in die Küche und sagt ihm, dass er doch wenigstens beim Backen und Verarbeiten von Lebensmitteln den Kautabak aus dem Mund nehmen sollt. Josef guckt sie kurz fragend an und spuckt letztmalig kurz den letzten schwarzen Speichel in den Hof. Er kommt wieder rein, nimmt seinen Kautabak aus dem Mund und legt ihn an den Rand des Tisches. Er rührt den Teig an, rollt ihn aus, knetete ihn wieder und irgendwann ist er fertig. Er schiebt den Kuchen in den Ofen und wartet, bis er fertig ist.
In der Zeit, wo der Kuchen im Ofen ist, wischt Ottilie die Küche durch, spülte ab und deckt den Tisch. Gespannt

setzt sich die Familie um den Küchentisch und wartet auf die „Meisterprüfung" des Vaters!
 Josef holt den Kuchen aus dem Ofen und stellt ihn mitten auf den Tisch. Er schneidet den Kuchen an und fragt: „Wer will das erste Stück haben." Hermann zeigt auf. Ohne zu zögern gibt Josef ihm das erste Stück auf den Kuchenteller und sagt lächelnd: „Fang an!"
 Nach den ersten drei Bissen tränen seine Augen, er verzieht vom Ekel getrieben sein Gesicht. Er spuckt den Mundinhalt über den Tisch und rennt schreiend vor Ekel aus der Küche. Alle sehen auf dem Tisch den ausgespuckten Kautabak liegen, den Josef in der Eile mit verarbeitet hat. Ottilie rennt mit einem Glas Wasser hinter Hermann her, Heinz und Sepp laufen ihm nach, um ihn zu trösten, und Josef kommt als letztes hinterher, um sich bei ihm zu entschuldigen. Der Kuchen steht derweil alleine in der Küche. Sie sind zu weit von der Küche entfernt und sehen nur noch aus dem Wohnzimmer, wie der Hund auf den Tisch springt und sich über den Kuchen hermacht.
 Ottilie guckt fragend und zornig ihren Mann an: „Haste noch so ne scheiß Idee?"
 Es dauert nicht lange, da fällt Josef ein, dass Reibekuchen immer gehen! Ottilie rollt schon die Augen, schüttelt mit dem Kopf, sagt aber erst mal keinen Ton. Die drei Brüder schauen sich gegenseitig an und denken: nicht schon wieder!
 „Naja", sagt Ottilie zu den Kindern, „Backen, also Teig zusammenstellen kann er wirklich. Nur die Feinarbeit fehlt eurem Vater. Er ist halt eben grobmotorisch. Am besten wäre, wenn ich die ganze Zeit dabei stehen bliebe und nur zusehen würde, dass er nicht schon wieder irgendwas aus der Zeche einbaut oder irgendwelche anderen Giftigen Sa-

chen dazugibt, die letztens Hermann probieren musste. Aber bei Reibekuchen", so fährt sie fort, „kann er ja nicht viel verkehrt machen. Das Rezept ist ja eigentlich sehr übersichtlich."

Und im Hintergrund sieht man Josef, wie er sich schon die Schürze anbindet. Ottilie sieht zweimal hin und sagt leicht aufgeregt: „Oh, ich muss da hin, es geht schon los."

Josef sucht sich seine Zutaten zusammen, Sepp und Heinz schälen die Kartoffeln, die von Josef sofort von Hand mit dem Reibebrett auf die richtige Größe in eine Schüssel gerieben werden. Hermann zerkleinert eine Zwiebel, so, wie es Josef ihm vorgibt, und gibt sie ebenfalls mit in die Schüssel. Dann kommt noch ein Ei sowie Salz, Pfeffer und Muskat hinzu und der Reibekuchen-Teig ist fertig.

Ottilie holt eine Pfanne aus dem Schrank, will gerade Speiseöl hineingeben und die auf den Herd stellen, doch Josef sagt ihr, dass sie die Pfanne wieder weglegen soll.

„Warum?", fragt Ottilie. „Willst du die Reibekuchen roh essen?"

„Nein", antwortet Josef. „Das kann man anders viel schneller machen!

Ottilie: „Ach, jetzt bin ich gespannt!„

Josef: „Tja, ich zeig euch jetzt mal, wofür man ein Waffeleisen alles gebrauchen kann!"

Ottilie rollt wieder die Augen. „Ich wusste es!", zischt sie durch die Küche.

Sie erklärt ihm, dass Reibekuchen im Öl schwimmen müssen. Öl gehört zwar nicht zum Rezept, aber … Und so fällt Josef ihr ins Wort: „Siehst du, da Öl nicht zum Rezept von Reibekuchen gehören, nehmen wir auch kein Öl.

Ich werde sie ganz einfach und schnell im Waffeleisen fertig machen."

Ottilie sagt ihm das es nicht funktionieren wird, weil sie im Waffeleisen verkleben werden! Doch nach einem kurzen Wortgefecht setzt sich Josef durch und gibt den ersten Löffel Reibekuchenteig ins Waffeleisen. „So, Leute, gleich werdet ihr sehen, dass das geht. Aber haltet die Idee bloß für euch. Sonst machen die anderen uns das nach. Mit dem Waffeleisen kann man viel mehr Reibekuchen herstellen als mit der Pfanne. Man muss sie ja nicht drehen und wenden, sie werden ja von beiden Seiten gleich schnell erhitzt."

Nach wenigen Minuten scheint der erste fertig zu sein.

Ottilie steht mit der Hüfte am Tisch angelehnt und sagt rechthaberisch zu Josef: „Dann hol den doch mal aus dem Waffeleisen raus!"

Josef sieht ihr in die Augen und will mit einer Hand das Waffeleisen öffnen. „Aua, ich habe mich verbrannt!", schreit er durch die Küche. Josef fängt an hektisch am Eisen zu ziehen und zu drücken. „Irgendwas klemmt hier!"

Ottilie rollt schon wieder mit den Augen. „Was habe ich dir gesagt!"

Josef, auf das Waffeleisen fokussiert: „Blödsinn, das muss klappen!" Und schon wieder schreit er „Aua" durch's Haus. „So eine scheiße!" Und er flucht weiter, er wird zusehends böser und hektischer. Er schreit das Waffeleisen an und mit einem Mal nimmt er sich das Waffeleisen und schmeißt es durchs Küchenfenster in den Hof. Doch hat er vergessen das Küchenfenster vor dem Wurf aufzumachen.

Sofort ist absolute Ruhe im Haus! Alle sehen den Vater an und jeder ist still! Die Küche sieht aus wie ein Schlachtfeld, Die Fensterscheibe ist in tausend Teile zersprungen und im Hof liegt ein qualmendes Waffeleisen!

Ottilie sagt zu Josef mit diesem ganz klaren Blick: „Josef, das war das letzte Mal, dass du in meiner Küche backst! Das verspreche ich dir!

Aber er lässt nicht locker! ihm fällt ein, dass es in Gladbeck Bräuche gibt, die er hier noch nie zuvor gesehen hat. Da gibt es z.b. den Brauch, dass man Spanferkel grillt. Dazu ist jeder eingeladen ... So sei es, er lässt in der Hufschmiede einen Spanferkelgrill herstellen, macht es publik und drei Wochen später ist Spanferkelgrillen bei Tritz angesagt. Es sind viele Gäste anwesend. Die Hälfte kennt er gar nicht. Doch er freundet sich schnell mit ihnen an. Es sind Leute vieler verschiedener Berufsgruppen dabei. Unter anderem auch Leute vom Bürgermeisteramt. Nach fortgeschrittener Stunde geht er zu einem aus dem Amt und fragt, was mit seiner Konzession sei. Er warte schon so lange drauf. Gibt es was, um bestehende Umstände zu beschleunigen? Er ist beim richtigen ... Dieser nimmt ihn zur Seite und sagt: „Kommen Sie doch übermorgen bei mir ins Amt."

„Ja, gut", sagt Josef. Ich komme.

Der Beamte drehte sich rum, geht einen Schritt, dreht sich wieder rum und nimmt ihn nochmal zur Seite. „Herr Tritz, sind Sie eigentlich in der NSDAP?"

Josef guckt ihn verdutzt an. „Nein." Und zur Erläuterung schildert er ungefragt, warum er das nicht ist. „Wissen Sie, ich war Wettersteiger bei der Stadt Gladbeck. Ich bin Beamter. Alle, die ich kannte, waren in der SPD. Für mich ist diese Partei nichts und mit den anderen Parteien habe ich mich nie auseinandergesetzt. Warum sollte ich in der Partei sein?"

„Tja", sagt der Beamte, „ich kann Sie nicht zwingen, aber sollten Sie mit dem Gedanken spielen, laufen Sie offene

Türen ein. Nicht nur bei mir, sondern auch bei Stellen, da haben Sie ja noch gar nicht dran gedacht."

So macht er sich Dienstag auf den Weg zum Bürgermeisteramt. Sein „neuer Freund" steht schon für ihn parat. Mit offenen Armen in einer braunen Uniform steht er da.

„Kommen Sie rein und machen Sie die Türe hinter sich zu!" Er kommt sofort zur Sache. „Haben Sie sich das mal überlegt?"

Josef wartete einen kurzen Moment und sagte: „Ja! Was kann's denn schaden? Man geht in die Partei. Wenn's nützt, bleibt man drin, wenn es nur Geld kostet und man keinen Nutzen hat, geht man halt wieder raus. „

So unterschreibt er den Aufnahmeantrag, der Beamte schüttelt ihm die Hand und wünscht ihm alles Gute. „Bis dann mal. Wiedersehen, Herr Tritz."

Er lacht genauso wie der Beamte und fragt beim Händeschütteln, „was ist denn jetzt mit der Konzession?".

„Ach ja", sagt der Beamte. „Parteikameraden helfen sich immer untereinander. Bleiben Sie mal kurz hier."

Er geht in ein Nebenbüro, spricht mit einem Kollegen und kommt zurück. „Hier, Ihre Konzession."

Josef guckt wieder verdutzt. „Warum kriege ich denn jetzt sofort die Konzession in die Hand?"

„Tja", sagt der Beamte, „Parteimitglieder werden immer bevorzugt. Da sind noch andere, die wären jetzt vor Ihnen. Aber jetzt haben wir's ja."

Er geht erleichtert diesen Berg wieder runter ins Oberdorf, erzählt freudestrahlend, dass er die Konzession hat. Sagt auch gleichzeitig, dass er jetzt in der NSDAP sei. Bei beiden Aussagen sehen ihn die Leute respektvoll an. „Herzlichen Glückwunsch, Herr Tritz."

Er kommt nach Hause, erzählt davon und ist überwältigt, wie einfach so was sein kann …

Am nächsten Tag schon ist die Gaststätte geöffnet und die Theke voll mit Gästen.

Kapitel 5: Es geht aufwärts

Dieser schnelle und vollumfängliche Erfolg führt dazu, dass es scheint, als wäre Josef nicht nur mittendrin, sondern mit vorne in der Gesellschaft angekommen. Jemand, der ein Parteiabzeichen an der Jacke hat oder sogar eine Uniform trägt, hat was zu sagen! Gespräche, bei denen er jetzt mitreden kann/darf, enden meist immer mit der Erkenntnis, dass der Führer ja erst alles ermöglicht hat! Es werden Vergleiche zu früher gestellt. Was war das doch für eine schlimme Zeit. Und jetzt? Vollbeschäftigung! Und was alle ausländischen Staaten doch die Deutschen geknebelt haben! Aber jetzt ist der Himmel wieder blau. Dank des großartigen Führers.

So macht er seinen Jungs klar, dass sie schon in die Hitlerjugend eintreten sollten. Hermann und Heinz gehen wie immer in die Schule und melden sich beim Lehrer. Der steht wie immer mit der braunen Uniform vor ihnen. Sie sagen, dass sie in die HJ eintreten wollen. Der Lehrer guckt sie mit großen Augen an, ist sichtlich begeistert. Sie gehen ins Sekretariat und 20 Minuten später stehen auch ihre Namen auf der Liste. Damit haben sie sich jetzt wieder in eine neue Liga geschoben. Und alle sportlichen Aktivitäten sind von nun an frei.

Nur noch wenige sind nicht in der HJ. Heinz' bester Freund Hubert ist trotzdem sehr skeptisch. Die Familie lebt sowieso sehr abgelegen. Wollen mit niemandem zu tun haben. Keiner nimmt Notiz von ihnen. Es scheint, als wollten sie auch nichts von dem Hype wissen. Sie lassen alle in Ruhe, werden aber auch in Ruhe gelassen.

Da Hermann der Älteste ist und schulisch mit der Klassenbeste, bekommt er die Aufgabe, sich um die Jüngeren zu kümmern. Man befördert ihn zum Chef der HJ Kürten. Nun ist er Fähnleinführer!

Es gibt in der HJ mehrere Abteilungen. Eine davon ist ist die der Reichsführer SS und Chef der Deutschen Polizei im Reichsministerium des Innern, kurz Feuerwehrdienst/ Brandschutz ... Dort melden sich Hermann und Heinz. Die Feuerwehr Kürten hat eine Hönigspritze, diese wird von einem Pferd gezogen. Willi Dahl, der Jahre älter ist, war auf der Feuerwehrschule in Koblenz. Er ist Brandmeister und ihm gehört auch das Pferd, welches die Spritze zieht. Er hat mittlerweile das fünfte Pferd vor der Kutsche. Das jetzige Pferd heißt Ella. Die Stute ist, wenn man sie für nichts gebrauchen kann, trotzdem ein Pferd mit Feuer im Blut. Willi freut sich, dass Heinz mit bei der Feuerwehr ist, denn jeder wird von diesem scheiß Gaul gebissen und getreten. Nur wenige, besonders Kinder, nicht. Wenn das Pferd auf der Weide steht und ein Alarmhorn ertönt, muss Willi ganz schnell Kinder holen, die ihm die Ella einspannen.

Jede Ortschaft hat ein Alarmhorn und alle haben eine andere Tonfolge. Wenn eins ertönt, sind alle anderen, die eins haben, verpflichtet, diesen Ton mit dem Horn zu imitieren und so weiterzugeben. So ist gewährleistet, dass jeder weiß, in welchem Ort es brennt.

Eines Nachts hämmert es bei Tritz an der Türe ... Herwegs stehen außer Atem an der Türe. „Hermann! Hermann! Schnell!", schreien sie. „Schlag Alarm! Die Mühle brennt!"

Er rennt auf die Straße mit dem Alarmhorn und bläst die Tonfolge von Waldmühle. Kurze Zeit später hört er die gleiche Tonfolge aus Richtung Kürten, dann aus der entgegengesetzten Richtung, Broich. Hermann und Heinz sehen die Flammen aus dem Dachstuhl der Mühle schlagen. Sie haben ihre HJ-Uniform an. Kein Helm, diese sind ausschließlich für Wehrmacht und SS bestimmt. Die beiden Jungs laufen rüber zur Mühle.

„Durchzählen!", schreit Hermann die Leute an. „Sind alle draußen? Vergewissert euch!", schreit er die Leute weiter an. Und da hört man schon von weitem das Bimmeln der Glocke von Willis Hönigspritze! Alle Anwesenden müssen mithelfen. Erst wird eine Saugleitung vom Zuleitungsfluss der Mühle gelegt. Acht Mann stehen jetzt an der Pumpe, um die Kolben zu bewegen, durch Auf- und Ab-Bewegungen der beiden vier Meter langen Hubstangen. Willi geht zu Hermann und Heinz und sagt: „Ihr kennt euch in der Mühle aus? Ihr geht in den Innenangriff!"

So nehmen sich die Brüder den Schlauch und rennen die Treppe hoch. Aus dem Schlauch kommt ein ca. drei Meter langer Wasserstrahl.

Die Straße unten füllt sich mit Menschen. Alle, die ein Alarmhorn hören und sich halbwegs bewegen können, kommen sofort dahin, wo es brennt, um zu helfen. Also sind eigentlich alle Bürger der Gemeinde Feuerwehrleute. Ob es ein Gesetz dazu gibt, weiß niemand, es ist halt eben so, dass jeder dem Nächsten hilft.

Heinz und Hermann löschen gerade den Dachstuhl und auch Sepp hat es mittlerweile geschafft, sich an den Löscharbeiten zu beteiligen. Hermann schüttelt den Kopf und sagt zu Heinz: „Hör mal unten dem Willi zu."

Willi wird immer lauter. Er ist gerade im Streitgespräch, es geht um den Brand. Da die Schleuse des Mühlenweihers geöffnet wurde, um die Hönigspritze zu füllen, fließt Wasser natürlich auch an der Saugleitung vorbei und läuft in die Mühle. Willi schreit irgendjemanden an: „Wenn ihr

meint, jetzt mahlen zu müssen, dann packe ich die Spritze wieder ein und ihr könnt die Bude wie früher mit Eimern löschen. Das verspreche ich euch! Ihr habt alle mit anzupacken! Dass das klar ist!"
Heinz schaut aus einem Spalt auf den Hof der Mühle und sieht, wie sich Willi Dahl ärgert. Er redet laut mit sich selber und auch mit den herumstehenden Leuten. „Wurfweite! Wurfweite! Das ist das, was sie uns über die Hönigspritze erzählt haben. Und warum kann ich die Hälfte der Gebäude nicht von unten löschen? Ja, richtig, weil es diese Wurfweite, die man uns versprochen hat, gar nicht gibt! Ich muss die Jungs immer noch in den Innenangriff schicken!" „Aber", fährt er fort, „alles besser als nur mit Eimern."

Man muss dabei sagen, in Wipperfürth, das ist die nächste größere Stadt, nördlich von Kürten, ist in ihrer Geschichte insgesamt elfmal komplett abgebrannt. Doch als dann die erste Hönigspritze angeschafft wurde und man Wasser gezielt einsetzen konnte, ist die Stadt nie wieder dem Feuer so wie sonst zum Opfer gefallen ...

Es dauert nicht lange und es ist kein Feuer mehr zu sehen ... Glück gehabt! Sie kommen raus und da sieht man, wie sich bei Hermann das Gesicht rot färbt. Er muss sich den Kopf aufgeschlagen und es durch den Adrenalin stoß nicht gemerkt haben.

Das Feuer ist so weit aus, der Rest wird mit Löscheimern erledigt. Die Tritz-Brüder werden von den anderen im Dorf gefeiert. Sie laufen stolz mit ihrer brauen HJ-Uniform durch die Gegend. Vater Josef und Mutter Ottilie sind stolz auf ihre Jungs.

Und auch den Nächsten, über den ich schreibe, habe ich persönlich als sehr zuvorkommenden großen Mann, der immer sauber und gut gekleidet war, als Aufrichtigen und in allen Maßen hilfsbereiten Menschen kennengelernt. Ich kann mich noch ganz genau daran erinnern, dass er immer in Bayrischer Tracht mit großem Umhang über den durchaus breiten Schultern auftrat und auf Hochglanz polierte große Schaftstiefel anhatte. Er nahm mich eigentlich überall hin mit, wo man zu Fuß hingehen konnte. Er legte größten Wert auf Etikette. Und auch er wurde in diesen Bann gezogen!

Eines Nachts kommt das Idol von Heinz und Hermann angeritten, Theo Konstantin. Er ist bei der Leibstandarte SS in der Kavallerie ... Er hat Gardemaß, ca. 1,90 m und ist 1,20 m breit. Blondes Haar, blaue Augen. Auf Höhe Küppers will ihn ein Mannschaftswagen der Polizei überholen. Er hält diesen an und fragt, wo sie hin wollen. Da er in der Leibstandarte ist, sind ihm die Polizisten rangmäßig unterlegen und haben seinen Befehlen Folge zu leisten! Sie erklären ihm, dass sie in die Ahlenbacher Mühle müssen, dort findet eine Schlägerei statt. Er sagt, sie sollen schon mal da hinfahren, er komme nach. Er ist nebenbei gesagt, der einzige Soldat, der seine komplette Bewaffnung auch nach Dienst mitführen darf.

So macht er sich auch auf den Weg zur Schlägerei in der Kneipe Ahlenbacher Mühle. Er reitet mit seinem Rappen hinter ihnen her. Als er ankommt, hat die Polizei den Laden schon gestürmt. Da geht die Türe erneut auf und zwischen dem ganzen Gerangel steht ein schwarzer Schatten in der Türe... Die Leute schauen verängstigt in Richtung Türe. Theo betritt heroisch und ruhig den Saal. Alle hören so langsam auf zu kämpfen und sehen nur zu ihm hoch. Man hört nur noch die hohen auf Hochglanz polierten schwarzen Schaftstiefel Schritt für Schritt auf den Holzboden auftreten. Dabei das Rasseln der goldenen Sporen, wo „Leibstandarte" eingraviert ist. Er bleibt auf dem ersten Drittel des Saales stehen. Er hat ca. 30 Mann vor sich stehen. Unter seinem schwarzen SS-Umhang sieht man links den Kavalleriesäbel hängen und rechts die Pistolentasche der Luger 08. Er macht willkürlich sechs vermeintliche Rädelsführer aus und zeigt mit ausgestrecktem Arm auf die Gesichter der Männer. „Du, du, usw. Abführen!" Alle wissen, mit ihm ist nicht zu spaßen! Sie lassen sich ohne Gegenwehr abführen. Die Party ist zu Ende! Die Polizei führt die besagten Männer ab. Theo geht hinter der Polizei als letztes raus. Er dreht sich an der Türe nochmal um und sagt mit dunkler rauer Stimme: Nie wieder!" Er geht nach draußen und schließt vorsichtig die Türe hinter sich.

Am nächsten Tag ist wie immer Hochbetrieb in der Gaststätte Tritz. Thema ist selbstverständlich die Schlägerei vom Vortag. Theo ist auch dabei und lässt sich von einigen anschleimen. Heinz und Hermann stehen mit anderen Jungs draußen an der Straße. In der Gaststätte befindet sich unter den anderen Gästen der Chef der Ahlenbacher Mühle. Er ist ein alter Mann von ca. 60 Jahren und nicht gerade groß gewachsen. Er hört sich die Gespräche an und irgendwann mischt er sich ein. Er stellt in Frage, ob das mit diesem Hitler alles richtig ist. Da, so findet er, ist ihm zu viel Willkür mit im Spiel! Das hört Theo. Ohne zu zögern packt er den ca. 40 Jahre älteren Mann am Kragen und zieht ihn auf die Straße. Und dann verprügelt er ihn auf der Straße nach Strich und Faden. Berger wehrt sich, so gut er kann, physisch hat er gegen den Hünen nicht den Hauch einer Chance, doch mental bleibt er ihm von Anfang bis Ende überlegen.

Heinz und Hermann sehen diesem Unterfangen erschrocken zu. Da wird vor ihren Augen ein alter ehrwürdiger Mann verprügelt. Er ist dem Hünen hilflos ausgeliefert. Er wird beschimpft und muss Fausthiebe einstecken. Bis Theo keine Lust mehr hat, auf ihn einzudreschen, und von dannen geht.

Da stehen sie nun, mit ihrer braunen Uniform. Wo das gleiche Hakenkreuz drauf ist wie bei ihrem, bis jetzt gerade eben noch, Idol ... Der jetzt gerade seine Maske ablegte und sich als Dämon zeigte. Das sind also die, die wir so toll finden? Die beiden Brüder stehen da, völlig irritiert und Starr. Zwar kennen sich die beiden mit Gewalt aus, ihr Vater ist sehr oft fürchterlich jähzornig. So hat Hermann vor einiger Zeit im Streit mit Heinz ein Küchenmesser nach ihm geschmissen, welches zitternd in der Stalltüre hängen blieb. Der alte Tritz packte sich Hermann darauf hin und schlug ihn, drosch auf ihn ein wie verrückt. Mutter Ottilie kam angelaufen und trennte ihren Mann von ihrem Sohn. Hermann hatte einige Blessuren davongetragen.

Die Mutter machte Josef daraufhin zur Sau. Aber so ist es halt schon mal. Beim Josef gilt die Macht des Stärkeren ...

Genauso fertig ist der Rest, der Gesellschaft ... mit so was hätte jetzt niemand gerechnet!

Theo geht nach Hause ... dem alten Herrn Berger hilft man so langsam wieder auf die Beine. Er ist nicht sauer auf die anderen. Er weiß genau, dass ihm niemand helfen konnte. Nun geht er auch in dieselbe Richtung wie Theo, denn er wohnt ca. einen km vor dem Hof der Familie Konstantin. Der alte Herr Berger ist zwar klein, alt und schmächtig, aber Angst hat keine! Und seine Meinung ist seine Meinung!

So langsam fangen die Leute an, über diesen ganz neuen Zustand zu reden. Einerseits hat Berger Recht. Es besteht die Willkür! Aber andererseits herrscht, seitdem Hitler an der Macht ist, Frieden in Deutschland. Vorher gab es die schwersten Krawalle in Deutschland, zwischen linken und rechten Gruppen. Frauen können wieder nachts durch die Straßen gehen. Für die Jugend setzt man sich ein, wie keiner zuvor! Und vor allem, er hat uns die Vollbeschäftigung gebracht! Da ruft einer aus zweiter Reihe: „Von wem weiß du das?"

Direkt wird der Blickkontakt zu ihm gesucht und sofort geantwortet: „Na aus der Zeitung, aus dem Radio und wenn du mal Zeit kriegst, kannst du dir ja mal ne Wochenschau ansehen. Da wird alles haargenau erklärt! Du Schlaumeier!"

Und im Großen und Ganzen kommen alle wieder auf den einen Schluss: Gott sei Dank haben wir den Führer!

Kapitel 6: Heti und Richard

Ich fand im Fotoalbum ein Foto von einem SS-Offizier ... Ich fragte, wer das sei und Oma antwortete, dass es Richard wäre. Es war der Lieblingsschwager von Opa. Sie nickte bestätigend zu ihm rüber, doch Opa senkte verneinend den Kopf. Ganz leise hörte man von ihm: „Keine Ahnung.,,
Das machte mich stutzig. Ich fragte ihn direkt, wer dieser SS-Mann war. Er sah mich an und wusste, dass ich nicht locker lassen würde. Und so erzählte er mir kurz davon, wer dieser Richard war. Doch dabei blieb es nicht. Warum er nicht direkt mit der Sprache rausrückte, kommt später.

Ende 1937 kommt ein Brief von Heti aus Hamburg. Sie hat ja dort ihren Blumenladen ... Sie schreibt: „Ich bin verliebt! Ich habe jemanden kennengelernt. Er ist groß, sehr sportlich. Unwahrscheinlich Intelligent. Ich habe ihn auf der Reeperbahn kennengelernt. Und plötzlich steht er bei mir im Laden. Es hat sofort gefunkt! Er hat mich einige Male zum Dinner eingeladen. Er sieht nicht nur umwerfend aus, er hat auch sehr gute Manieren und ist immer adrett gekleidet. Wir sind seit einem halben Jahr ein Paar."
Stiefmutter Ottilie schrieb zurück und wollte mehr von ihm wissen. Was er zum Beispiel von Beruf macht?
„Ja, er ist Polizist! Genauer, er ist Kommissar in Hamburg. Er ist dazu da, auf der Reeperbahn Falschspieler auffliegen zu lassen. Er beherrscht jegliches Kartenspiel. Alle Gesellschaftsspiele. Von Mau Mau bis Roulette kann er alles. Und das sowie Sport ist sein Leben."

Vater Josef, der sehr oft Wetten abschließt, liest den Brief und lädt beide nach Kürten ein. Dann will ich mir den Jungen mal genauer ansehen!, denkt er.

Drei Wochen später machen Heti und Richard Urlaub in Waldmühle. Sie erzählen, wie sie sich kennengelernt haben, was sie für Gemeinsamkeiten haben und vieles mehr … Vater Josef, der alte Schmied Josef Boxberg und Richard setzen sich hin zum Skat spielen. Er fragt vorher, „du kannst also Skat?" Richard bedient sich eines zarten Nickens. So setzen sich alle drei in die Kneipe an einen Tisch und fangen an.
1. Spiel, Richard gewinnt … „Och", sagt Josef Tritz, „nach hinten raus musst du gewinnen!"
2. Spiel, Richard gewinnt wieder.
3. Und 4. und 5. Spiel gewinnt Richard … Wie gesagt, er ist Kommissar und deckt Falschspieler auf! Deshalb kennt er nicht nur fast jeden Trick, er erfindet sogar selber Tricks, um seiner Kundschaft immer voraus zu sein. Dazu kommt noch, dass er trinken kann, was er will, es scheint, als würde er nie betrunken werden …

Nach einigen Spielen sieht Heinz, wie Richard gerade aus zu ihm, an seinem Vater und Boxberg vorbei schaut und ihm leicht zuzwinkert. Und zack, da gewinnt Josef! Er ist außer sich vor Freude und schreit, „so spielt man mit Studenten". Er freut sich so, als hätte er gerade 10.000 Reichsmark in kleinen Scheinen gewonnen. Doch in Wahrheit wäre er jetzt bettelarm, hätte er um Geld gespielt!

Richard ist von Anfang an bei allen der beliebteste. Er ist der, auf den sogar Josef selber zu hören scheint … Für Heinz ist er der absolute Lieblingsschwager!

Was zu dieser Zeit niemand weiß, Heti ist bereits schwanger! Sie reisen nach dem Urlaub wieder ab, nach

Hamburg. Und kurz drauf, 1938, müssen und wollen Heti und Richard Heiraten. Sie heißt jetzt mit Nachnamen „Hardwig". Sie gebärt 1938 die gemeinsame Tochter, sie nennen Sie Elisabeth ... als Hommage an ihre älteste Verstorbene Schwester.

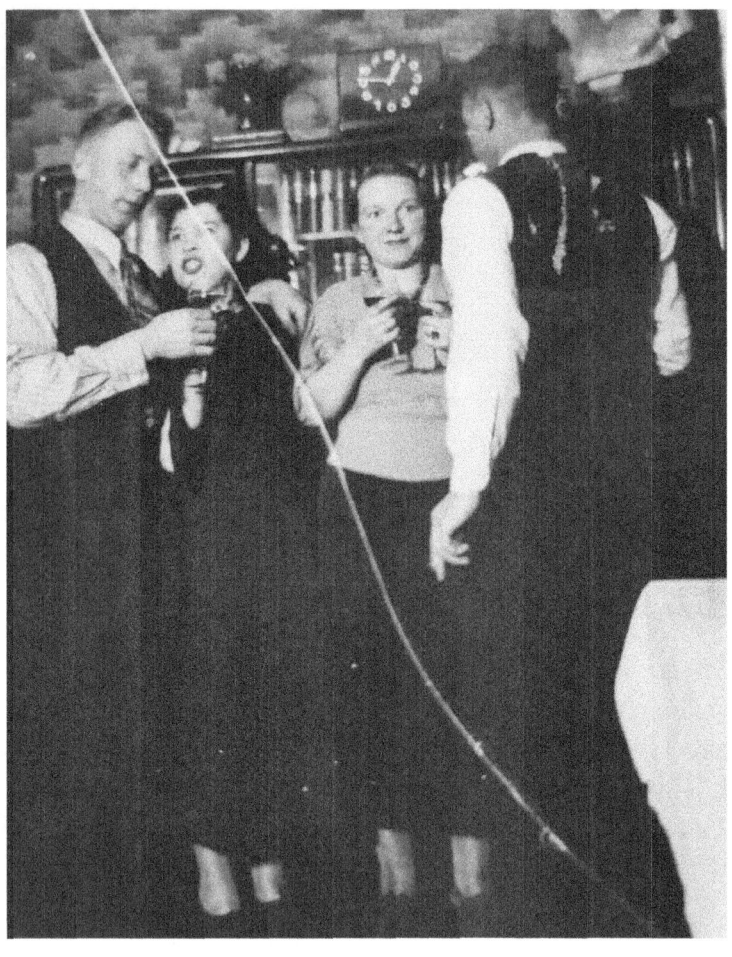

Links stehen Richard und Heti im Wohnzimmer des Hotel Tritz

Kapitel 7: Jungs und ihr Spielzeug

Ich wollte so wie mein Opa Schlosser werden, ich fragte ihn, worauf ich mich einstellen sollte. Ich erwartete eine technische Antwort, doch bekam ich in Wirklichkeit dies hier zur Antwort ...

Sepp hat die Lehre als Garten- und Landschaftsbauer zu Ende gebracht. Hermann hat die Lehre als Chemielaborant angefangen und muss jeden Tag bis nach Wipperfürth in die Berufsschule. Die Stadt liegt 15 km entfernt. Diesen Weg bestreitet er täglich zu Fuß.

Heinz hat zwei allerbeste Freunde, Paul Broich, der Neffe vom Schmied Boxberg, und Josef Schmitter, genannt Bubbi. Die drei finden im Berg gegenüber vom Hotel Munition aus dem Ersten Weltkrieg. Leuchtspurmunition! Sie gehen mit einem Sack voll an die Schmiede. Der alte Boxberg ist gerade weg ... Sie zünden die Esse an und fangen so langsam an, eine Patrone nach der anderen aufzudrehen und das farbige Pulver ins Schmiedefeuer zu streuen. Sobald sie es reingestreut haben, laufen sie raus und beobachten die Farbe des Qualms, der oben aus dem Kamin zieht. Grüner Qualm, roter Qualm, blauer Qualm ... Da kommt der Lehrling von der Bäckerei Herweg raus und schlufft ganz langsam zu den drei Jungs rüber. Die drei sehen sich genervt an und sagen, „da kommt er schon wieder ...!".

Der Tünnes ist so langsam, dem kann man beim Laufen die Schuhe besohlen! Paul sagt, „wartet mal, den mach ich jetzt mal flott!".

Er steht da wie ein Fragezeichen, man sollte meinen, er hätte einen Schlafzimmerblick. Aber in Wirklichkeit ist er einfach nicht für das frühe Aufstehen, was halt zum Beruf des Bäckers gehört, gemacht. Er fragt mit schläfriger langsamer Stimme, „was macht ihr da?".

Heinz erklärt ihm das Spiel haarklein. Er lässt nichts aus, da fällt ihm Paul ins Wort und fragt: „Eh, willst du auch mal?" Er hält ihm eine ganze Patrone vor's Gesicht.

Da ihm das Spiel und das Aufdrehen der Patrone so genau erklärt wurde, willigt er ein. Er nimmt Paul die Patrone aus der Hand und geht ans Schmiedefeuer. Paul zischt den anderen zu: „Was für ein Idiot!" Der Junge dreht die Patrone auf und kippt das Pulver mit einem Handumdrehen in die Esse.

Zwei Vorboten!: 1. Die drei bleiben draußen! 2. Das Pulver ist schwarz! Paul hat ihm eine echte scharfe Patrone gegeben ... Hierbei handelt es sich um Schwarzpulver!

Es knallt und donnert, dass die Glasscheiben zittern! Der Bäckerlehrling springt mit seinem schneeweißen Anzug in die Kohlenkiste ... Pechschwarz, mit aufgerissenen Augen, rennt er aus der Schmiede. Paul meint nur, „da hab ich ihn mal kurz gestartet!".

Dass Feuer Außer Kontrolle gerät, ist im Dorf fast alltäglich. So kommt es dazu, dass immer wieder jemand zu denen kommt, die ein Alarmhorn besitzen, um die Feuerwehr zu rufen. Oder sie gehen von vornherein direkt zum Feuerwehrhauptmann Kürten, dem Die Metzgerei oberhalb der Kirche gehört.

So kommt es zu dem Vorfall, dass bei Feuerwehrhauptmann Kürten jemand in die Metzgerei gestürmt kommt. Er schreit vollen Halses: „Es breeeeeennnnt! Es breeeeennnt!"

Metzgermeister Kürten: „Wo?" Der junge Mann: „Da oben, in Hechelkotten. Da brennt der ganze Hof!" Hechelkotten ist eine kleine Ortschaft, mit drei Häusern. Sie ist oben am Berg angesiedelt, dass man es von überall gut sehen kann. Auch aus der Metzgerei kann man Hechelkotten gut sehen.

Meister Kürten geht zum Fenster schiebt die Gardienen was auf Seite und guckt genau: „Da brennt nix!" Und er beobachtet weiter den Bauernhof in Hechelkotten. Der junge Mann kommt selber zum Fenster und schaut neben Meister Kürten auch zum Hof. Er nimmt seine von Schweiß triefende Mütze ab und schreit: „Verdammt noch mal! Hat er es schon wieder nicht anbekommen!"

Wir, die Feuerwehr Kürten, erhielten einen neuen Feuerwehrwagen. Dieser wurde standesgemäß vom Pastor gesegnet. Bei dieser Segnung, fragte ich, was mein Opa wohl von diesem hochmodernen Fahrzeug halten würde? Er sagte zu mir: Wenn man mich die letzten 50 Jahre eingefroren hätte, würde ich heute verrückt werden! Wir hatten damals, wo ich mit der Hitlerjugend im Brandschutz war, folgendes erlebt.

Da mittlerweile fast jeder eine Feuerversicherung abschließt, kommt es plötzlich zu vielen Bränden in der Gemeinde ... besonders in Breibach, da stehen viel kleine Uralte Fachwerkhäuschen. Oft wird eine Gewitterkerze im Stall angezündet und Gebete gesprochen, dass nicht der Blitz einschlägt und das Geliebte, wenn auch schon ausgeräumte Haus abbrennt. Man „vergisst" sie öfters auszumachen und pilgert nach Kevelaer.

Die Feuerwehr Kürten wird geleitet von Willi Dahl, als Brandmeister, sowie Metzger Kürten als Feuerwehrhauptmann und einem namens Braun, dem eine Gaststätte auf dem Kirchplatz gehört.

Die Alarmhörner geben Ihre Signale ab, zu 75% hört man das Signal aus Breibach. Diese Töne hört auch das Pferd „Ella" von Willi Dahl. Die Stute weiß, dass es jetzt losgeht und steigt hoch. Sie wird wild und will jetzt los! Willi hat alle Hände voll zu tun, um dem Gaul das Geschirr der Hönigspritze anzulegen. Und dann geht es auch schon los. Links sitzt Willi und rechts sitzt Albert Kürten. Willi lenkt die Kutsche den Berg runter und im vollen Galopp machen sie sich auf den Weg nach Breibach. Andere fahren mit dem Fahrrad oder reiten mit dem eigenen Pferd hinterher, bzw voraus. In Waldmühle, vorm Hotel Tritz, springt Heinz von der HJ mit drauf und weiter geht's. An der Wipperfürther Straße, Abzweigung, Breibach, schlägt Ella einen schweren 90-Grad-Bogen und rast in die Straße ein. Alle legen sich so weit wie möglich in die Kurve, um nicht mit der Spritze umzufallen. Sie kommen am Brandort an und sehen, wie die Leute ihr Haus ausräumen! Sie gucken verdutzt und sagen, „wir haben doch noch gar nichts angesteckt!".

Willi sagt, die Feuerwehr sei schneller als das Feuer brennen kann! So dreht er die Kutsche und fährt wieder Richtung Kürten. Sie sind fast in Waldmühle, da ertönt wieder das Horn Breibach. Ella hört es, bleibt auf einmal ganz ruhig stehen. Willi senkt den Kopf und sagt, „was hat der Bock denn jetzt schon wieder?".

Albert Kürten, starker Stotterer, sagt, „lass die Zügel los und lass das Pferd entscheiden!".

„Na gut", sagt Willi. Er macht die Zügel an der Bremse fest und schreit Ella an: „Na los! Lass gehen!"

Ella dreht selbstständig die Kutsche und galoppiert wie eine Rakete Richtung Breibach. An der Einmündung reist sie die Hönigspritze mit einem Affenzahn um die Kurve!

Alle reagieren richtig! Wieder nichts passiert! Sie kommen am Brandort an und das Haus brennt in voller Ausdehnung. Als der Brand unter Kontrolle ist, stehen die Feuerwehrleute zusammen und beraten, was gut gemacht wurde und was verbessert werden sollte. Da guckt Feuerwehrhauptmann Kürten an den Jungs vorbei und sagt: „Seht ihr, wer der Beste von uns ist?" Verwundert gucken sich alle gegenseitig an. Denn es wurde noch nie die Frage bei der Feuerwehr gestellt, wer der Beste ist! „Ja", fährt Kürten weiter fort. „Da, seht ihr nicht die Hönigspritze? Und die Ella?" Ella ist ja ein absolut wildes und unbändiges über alle Maßen kraftvolles Tier! „Sie bleibt immer ganz ruhig und macht nur das, was man ihr sagt."

Alle gucken in die Richtung, wo Kürten hinsieht. Da steht die Hönigspritze und, davor eingespannt, steht Ella, diesmal wirklich ganz ruhig. Es soll der letzte Einsätze für sie gewesen sein. Bis heute weiß jeder Feuerwehrmann aus Kürten, wer Ella war. Es gibt in der Feuerwehr keine Helden gibt, sondern der Erfolg und auch der Misserfolg wird immer ausschließlich einer ganzen Mannschaft zugeschrieben! Als Sinnbild für diese Zeit, die niemand von uns heute miterlebt hat, sieht jeder nur dieses Tier in seiner eigenen Fassung im Geiste vor sich stehen. Mit Respekt sehen wir ein Pferd was mit purer Muskelkraft, das, allen Umständen zum Trotz, die Zuverlässigkeit einer ganzen Feuerwehr sicherte.

1938 wird der erste Tragkraftspritzenanhänger beschafft. Braun, der Gastwirt aus dem Dorf hat einen Mercedes mit Anhänger Kupplung. Jetzt hat die Feuerwehr weitaus mehr Möglichkeiten als mit der Hönigspritze. Es befinden sich auch noch andere Sachen mit auf dem Anhänger. Man kann sagen, dass die Feuerwehr Kürten den anderen Gemeinden in nichts nachsteht. Dazu kommt, dass jetzt eine Sirene im Oberdorf installiert wird und die Alarmhörner ihren Dienst getan haben.

Wir hatten damals einen Stammgast, er war katholischer Pfarrer. Er war sehr alt und ich glaube, er war schon pensioniert. Er kam jeden Sonntagnachmittag zum Kaffee und Kuchen. Da ich mich immer in unserer Gaststätte aufhielt, kam ich auch mit ihm ins Gespräch. Er war sehr verständnisvoll, für jede Art des Lebens. Mit anderen Worten, er hat niemals Partei ergriffen. Und mit seiner Meinung hielt er sich auch sehr bedeckt. Er war manchmal lustig und immer sehr freundlich.

Als ich ihm erzählte, dass ich Messdiener in Kürten sei, sah es so aus, als würde ihn das wirklich interessieren. Er beschäftigte sich von da an sonntags intensiv mit mir. Doch irgendwann musste ich ihm dann auch sagen, dass ich überhaupt keine Lust darauf hatte, Messdiener zu sein. Er war vielleicht für eine Millisekunde enttäuscht, aber trotzdem war es kein Problem für ihn. Er fragte mich, warum ich denn überhaupt Messdiener sei. Ich sagte, weil es meine Familie von mir verlangt.

Er sagte lächelnd: „Also du wirst schon mal kein Pastor ... Oder?"

Ich fragte sofort zurück, warum er Pastor geworden ist.

Er sagte, das sei sehr lange her! Gespannt sah ich ihn an und erwartete jetzt eine Geschichte. Ich konnte mir echt nicht vorstellen, den ganzen Tag zu meditieren, still zu sitzen und keinen Sport zu machen ...

Der Pastor schaute auf seine Armbanduhr und sagte: „Na gut." Er sah mich an und fragte mich, wie alt ich sei.

Ich sagte: „10."

Er dachte kurz nach und sagte zu mir: „Ich habe dir doch letztens gesagt, dass du im Leben stark sein musst! Das Leben ist manchmal ein ganz böser Ort! Lass dich nie von dem Bösen einfangen! Schlage dich niemals auf die Seite von Radikalen! Ob es Linke oder Rechte sind! Wenn sie radikal sind, sind sie alle gleich! Versuche, ein guter Mensch zu sein."

Ich nenne ihn einfach Johannes und so fing er an zu erzählen ...

Als junger Soldat und weit bevor er Pastor geworden ist, wird Johannes in Russland von der Wehrmacht als MG-Schütze eingeteilt.

Es ist ein furchtbar kalter Winter, so kalt, dass sie unter ihren Geschützen Feuer entfachen müssen, weil das Waffenöl in dieser kälte jedes Mal einfriert.

Die deutschen Truppen haben zuverlässliche Informationen, dass die Russen unweit von ihnen ein riesiges Heer zusammenstellen. Gepanzerte Fahrzeuge können sie nicht ausmachen. Man ist sich sicher, dass der Russe mit diesem Heer die deutsche Stellung (es ist so eine Art Brückenkopf) anzugreifen versucht.

Johannes ist dort mit einem Panzergrenadierbataillon am Maschinengewehr eingesetzt. Um vorbereitet zu sein, ist geplant, mannstiefe Löcher auszuheben ... Eins links, eins rechts, die ca. 2 m tief, 2 m breit und ca. 4 m lang sind. In der Mitte soll ein Loch ausgehoben werden, wo drei Soldaten in Reihe stehend Deckung finden.

Doch ist es so kalt, das sich der Boden kaum mit Spitzhacke und Spaten bearbeiten lässt. Doch die Zeit drängt. So schanzen sie Löcher so tief, wie es halt geht, kommen aber nicht an die geplante Tiefe und Breite. Sie hören mit dem

Schanzen auf, sobald die LKWs mit der Munition eingetroffen sind, und sofort fangen sie an Munitionsketten zu verbinden. Sie stecken einen ganzen Tag die Munition für die drei Maschinengewehrstellungen zusammen. Eine Kette besteht aus 120 Schuss und diese werden zusammengekettet und fein säuberlich ins linke große Loch einer jeden Stellung, akribisch genau gestapelt. Es sind mehrere tausend Schuss.

Vor dem mittleren Loch einer Stellung, wird ein MG 42 platziert und das rechte Loch der Stellung bleibt leer.

So eine MG-Stellung wird dreimal im Abstand von ca. 50 m auseinander in Reihe gelegt. In der mittleren Stellung ist Johannes eingesetzt. Er selber ist der MG-Schütze! Er hat links neben sich einen Ladeschützen, der hilft, die Munitionsketten ins MG einzufädeln, und rechts einen Rohrwechselschützen, der die leeren Hülsen mit einer Schneeschaufel auf Seite schafft und das MG-Rohr austauscht, bevor es heiß geschossen ist.

Dann kommt es zu diesem Angriff. Wie erwartet kommt der Russe mit „Sturm und Einbruch"! Das heißt, dass man so viel Material, in welcher Form auch immer, an den Feind zu bringen versucht, dass dieser völlig überfordert ist. In diesem Fall versuchen die Russen mehr Soldaten nach vorne zu schicken, als die Deutschen an Munition haben. Die Russen haben natürlich auch ihre funktionierende Aufklärung und wissen von der Mannschaftsstärke der Deutschen. Die Taktik liegt darin, den Feind mit dieser auf ihn zurollenden Armada von Menschen erschrecken zu lassen, und sollten sich die Deutschen versuchen zu wehren, haben sie nicht genug Munition dabei. So werden viele eigene Soldaten fallen, doch irgendwann kommen welche durch und so wollen sie diese Schlacht gewinnen.

Doch diese Taktik geht nicht auf! Die Deutschen haben viel zu viel Munition dabei! Und dazu kommt, dass die Schussfolge des Deutschen MGs sehr hoch ist!

Man sollte wissen, dass Stalin sich nicht für Menschen interessiert! Er lässt seine eigenen Truppen in den Tod marschieren und jeder, der sich weigert, wird von den eigenen Truppen sofort erschossen.

Die Deutschen stehen bereit in den Gräben und warten auf die Invasion. Langsam am Horizont sieht Johannes die Truppen anrücken. Zu Fuß, in breiter Front. Es ist ein gigantischer Aufmarsch. Alle sind in ihren Gräben in voller Aufregung, sagen aber nichts, keinen Ton. Weglaufen geht auch nicht, denn auch hinter Johannes steht ein Offizier, der sofort auf seine eigenen Soldaten schießen würde, wenn jetzt einer der Männer in den Gräben ausrasten würde.

Und die Russen werden immer mehr und mehr, sie kommen gerade auf die deutschen Stellungen zu. Sie haben sie noch nicht bemerkt, besonders die ersten Reihen, versuchen gedeckt, hinter Sträuchern und kleinen Erderhebungen nach vorne zu kommen. Doch der Druck der nachfolgenden Mannschaften schiebt sie immer wieder in die erste Linie. Der Rest der Truppe läuft fast durcheinander hinter den beiden Reihen her. Sie sind ziemlich nah an den deutschen Stellungen und es kommen immer mehr nach.

Die MG-Schützen können fast ihren Gegnern in die Augen sehen. Da kommt von hinten durch eine Trillerpfeife das Signal für die Deutschen zum Angriff.

Die MG-Schützen setzen links an, krümmen den Abzug mit dem Finger ab und ziehen das Rohr auf die rechte Seite.

In diesem Moment fallen die ersten beiden Reihen tot zusammen. Was keiner wusste, ist, dass nur die ersten beiden Reihen der Russen bewaffnet waren. So versuchen die dahinter laufenden Männer, an die Waffen der Toten zu kommen. Die Russen benutzen Mossin Nagant als Repetiergewehre. Diese haben aus Kostengründen direkt am Rohr das Bajonett zum Ausklappen angebaut.

Und die deutschen MG Schützen schießen weiter und weiter. Der Rohrwechselschütze hat alle Hände voll zu tun, die leeren Hülsen mit einer Schneeschaufel im rechten Loch zu verteilen.

Vor den deutschen Stellungen schmilzt der Schnee vom Blut der Gefallenen russischen Soldaten. Sie haben keine Chance, dem Tod zu entrinnen. Vor ihnen liegen die Deutschen und metzeln alles nieder und von hinten kommen die russischen Politoffiziere und erschießen jeden, der versucht, dem deutschen MG-Feuer zu entkommen.

Ich fragte ihn, wie viele Menschen dort auf dieser Wiese waren.

Der Pastor sagte: „Tausende!"

Ich fragte dann weiter, warum er dann Pastor geworden sei?

Er sagte: „Hätte ich nicht geschossen, dann hätten sie mich umgebracht. Ich versuchte zu überleben. Der Preis dafür war mein Gewissen! Ich versuche, meine Seele zurückzubekommen. Es ist so viele Jahre her und jede Nacht im Traum kommt immer eine andere Mama an mein Bett. Ich sehe sie ganz deutlich vor mir stehen. Sie hat einen Jungen an der Hand, der mich so friedlich anlächelt. Manchmal höre ich diese Mamas, wie sie mir ganz sanft sagen: Das ist mein Sohn … Du hast ihn mir genommen."

Kapitel 8: Das Reich wird größer

Unter hohem Jubel wird am 13. März 1938 Österreich mit Deutschland zusammengeführt ... und im Oktober annektiert Hitler das Sudetenland. Hitler wurde bis jetzt schon hoch gelobt, aber mittlerweile wird er schon fast zur Lichtgestalt! Überall, wo er auftaucht, säumen Tausende seinen Weg. Er bekommt selber keine Orden und wenn auch aus Zufall ist er bei jeglichen Ehrungen selber nicht mehr vor Ort. Leere Mikrophone und wenn alle das gleiche rufen, verleiht dem Menschen was Mystisches. Da diese Annektierungen unter Jubel stattfinden und Hitler nicht aufzuhalten scheint, scheint es für viele junge heranwachsende Männer ein riesiges Abenteuer zu sein. Viele melden sich freiwillig zum Wehrdienst, andere werden gezogen. Hitler macht ihnen klar, dass die alten, die den Ersten Weltkrieg mitgemacht haben, überhaupt keine Ahnung haben. Sie dürfen alles machen, was sie wollen, sie müssen nur auf ihn persönlich hören. Dann liegt ihnen die Welt zu Füßen.

1939 „rächt" sich Hitler für den Angriff der polnischen Arme auf den Radiosender Gleiwitz. Auch der Polenfeldzug ist für Deutschland ein voller Erfolg.

Mal wieder macht Josef ein Schlachtfest, woraus mittlerweile ein riesiger Event entstanden ist. In den nächsten Tagen werden die beiden Brüder der Familie Herweg, die insgesamt 14 Geschwister zählen können, sowie Sepp eingezogen. Von den Herwegs-Brüdern kommt einer in ein Jägerbataillon der andere wird Frontsanitäter. Was sie nicht wissen, sie werden sich so schnell nicht wiedersehen. Bei Sepp wird ein Herzfehler diagnostiziert und er landet im Nachschub. Als er geht, sitzt Ottilie in ihrem Zimmer und weint leise vor sich hin. Hans, der in Lücho wohnt und verheiratet ist, hat mit seiner Frau zwei Jungs, Volker und Hagen. Ihn schickt man zur Kavallerie. Ottilie ist am Boden zerstört. So langsam werden auch viele aus dem Dorf gezogen. Willi Dahl wird gezogen, Braun wird gezogen, Arthur Blei, genannt AB, geht zur SS und da er ein sehr engagierter Beamter ist, wird er dort auch einen schnellen Aufstieg erleben. Bei der Feuerwehr sind jetzt fast ausschließlich HJ-Jungs anzutreffen. Sein Freund Hubert, der sich vehement gegen die HJ stellt, bekommt es sogar mit dem Gauleiter zu tun. Er wird gezogen und als Flakhelfer in Ostpreußen eingesetzt. Vorher war er in einer Wehrertüchtigungskompanie und dann an die Front, die sich so langsam Richtung Moskau verlagert.

Heinz und Hubert schreiben sich immer wieder Briefe. Es dauert nicht lange, da kommt ein Brief bei der Familie von Hubert an. Hubert stand in schwersten Gefechten und sein Geschütz wurde von einem russischen Kampfpanzer unter direktem Beschuss genommen. Das Geschütz explodierte und Hubert verlor beide Beine. Er verblutete noch an gleicher Stelle.

In Kürten bekommt man von all dem nichts mit, es werden prophylaktische Maßnahmen ergriffen, aber im Großen und Ganzen ist es sehr ruhig. Heinz macht die Lehre zum Blechschlosser bei der Firma Haasbach in Bergisch Gladbach. Seine Hauptaufgabe liegt darin, Bomben von Hand vorzuschweißen. So schweißt er als Lehrling täglich Dutzende Bombenhülsen mit einem Gas-Sauerstoffbrenner (Autogen) zusammen. Nach seiner Arbeit laufen die Hülsen dann vor dem Fertigstellen noch durch unzählige Bearbeitungsschritte.

Überall sind jetzt viel mehr Soldaten auf der Straße, aber man sieht nur in gut gelaunte Gesichter.

Eines Tages betreten drei Soldaten die Gaststätte Tritz. Sie bestellen sich Bier, setzen sich an einen Tisch in der Ecke und fangen an, Skat zu spielen ... Sie werden zusehends besoffener und rauchen eine Zigarette nach der anderen. Nach ca. vier Stunden sind sie wieder beim Reizen, da guckt einer mit Zigarette im Mundwinkel und dem Blatt in der Hand starr vor sich. Die anderen beiden sehen ihn fragend an, da kippt er mit offenen Augen völlig spannungslos um! Er liegt auf dem Boden, das Blatt daneben, die Zigarette rollt am Kopf vorbei ...

Die zwei anderen gucken ihm nach und einer bückt sich nach ihm. Er fühlt an der Halsschlagader ... tot! Der andere sammelt wie selbstverständlich das Blatt ein und sieht sich seine Karten an ... er sagt wie selbstverständlich: „Guck mal, der wäre sowieso kaputtgegangen!"

Kapitel 9: So langsam wird's ungemütlich

Hermann wird einberufen, er kommt zur Marine. Er hofft darauf, zu den U-Booten zu kommen. Stattdessen ist er erst mal an Land an der Küste eingesetzt.

Sepp hat keine Lust mehr auf die Wehrmacht, da überlegt er sich folgenden Plan ... Er hat ja den Herzfehler, da meldet er sich zu den Fallschirmjägern. Dort muss man T-1 gemustert sein. Da er das ja nicht ist, hofft er, nach der Nachmusterung entlassen zu werden ... Pustekuchen, er wird T-1 nachgemustert und bekommt den Marschbefehl, zu den Fallschirmjägern! Am Boden zerstört muss er jetzt Unmenschliches leisten! Sportlich wird von ihm nicht einiges, sondern ALLES abverlangt. Er hat seine Gruppe, die immer zusammenbleibt. Ok, da alle 20 Mann immer zusammen sind, hat er einen extrem eingefleischten harten Freundeskreis. Sie machen wirklich alles zusammen. Sie schwitzen, trainieren, schießen und springen insgesamt 7-mal aus der Junkers JU52 zum Üben. Und nebenbei feiern sie auch alle zusammen ...

Richard wird gezogen ...! Mit Erschrecken erfährt das Hotel Tritz, dass Richard, der ja eigentlich Kommissar ist, eingezogen wird. Da er Gardemaß hat, blaue Augen und helles braunes Haar hat, meldet er sich freiwillig zur SS. Durch seine Tätigkeit bei der Polizei wird er sofort zum Hauptsturmführer ernannt. Er muss auf die SS-Offiziersschule und führt danach eine Kompanie. Er hat dort sehr gute Kameraden, die ihn schätzen, und außerdem ist er ja sowieso sehr gesellschaftsfähig.

Aus Gladbeck, wo die Familie herkommt, werden die etwas älteren Schulkollegen und Nachbarsjungen von Heinz einberufen. Sie kommen fast alle geschlossen in die 6. Armee. Diese wird nach einem echt schönen, langen Sommer und darauf folgenden über alle Maßen harten Winter zerschlagen. Die Glückssträhne ist gerissen. Alle seine ehemaligen Freunde sind gefallen oder in Kriegsgefangenschaft. Der Winter 1942 ist so hart, dass Kardinal Frings aus Köln das „Fringsen" erlaubt. Es steht nicht mehr unter Sünde, wenn man Kohlen und Briketts auch aus Verkauf und sogar von Zügen klaut, da man ohne Heizung keine Überlebenschance hat! Und auch in Kürten sowie Bergisch Gladbach, wo Heinz die Lehre macht, werden alle eingezogen, die mit der Ausbildung fertig sind.

Der Krieg rückt immer näher. Entgegen der Wochenschau, wo nur über Siege berichtet wird, wird über die Nacht gesprochen. „Habt ihr das mitbekommen? Die haben die Nacht Köln bombardiert!" Einige haben es gesehen, andere sind schockiert. Seit Stalingrad gescheitert ist, wird alles irgendwie rückläufig. Manche sagen, ja, das musste ja kommen. Andere vertreten die Meinung, dass der Führer es schon richten würde ...

Ich selber habe bei uns zuhause an einem Apfelbaum, der rund um die Uhr im Schatten stand, einen eingewachsenen Zettel gefunden. Ich weiß noch, dass ich zu meinem Opa gelaufen bin, um ihm zu sagen, dass ich herausgefunden habe, wo Papier herkommt. Ich meinte zu wissen, dass Papier an den Bäumen wächst. Erst lachte er ...

Dann zeigte ich ihm den Zettel. Ich konnte darauf „Brüggelmann" verwaschen entziffern. Es war wohl ein Rechnungsbeleg. Opa machte große Augen und holte eine Nachbarin, die im gleichen Alter war wie er selber ... Agnes Schäfer, sie war gerade auf dem Weg zu ihrem kleinen Hühnerstall. Er zeigte ihr auch den eingewachsenen

Zettel und beide schüttelten den Kopf. Sie erzählten mir, wo der Zettel her kam.

Eines Nachts wird es unruhig im Hotel. Heinz wird dadurch wach. Er sieht, wie die Leute auf die Straße gehen und wortlos Richtung Süden schauen. Dort ist ein heller Feuerschein zu sehen. Er geht mit runter auf die Straße, er und die anderen laufen auf den Berg, sie sehen, wie Köln bombardiert wird. Flakstrahler leuchten den Wolkenbehangenen Himmel ab. Man sieht am Horizont ein riesiges Feuer und aus Flugzeugen Phosphor fallen. Es sieht aus wie riesige Weihnachtsbäume über der Stadt. Dieses Inferno wiederholt sich so oft, dass mittlerweile über „die Kölsche Chrisbööm" gesprochen wird. Man hat also schon einen Begriff für diese Hölle. Eines Nachts wird Köln-Deutz angegriffen. Und wieder, die Kölschen Chrisbööm … Am nächsten Tag, ist ganz Waldmühle weiß. Überall, auf allen Bäumen, auf allen Wiesen und auf der Straße, verteilen sich Zettel und Papiere. Vorm Hotel auf der Straße liegen Abrechnungen von sämtlichen Firmen, die in Köln ansässig sind. Durch den Angriff kam es zu einem Feuersturm. Dabei wurden diese Rechnungen und Papiere wie in einem umgekehrten Tornado in die Lüfte hoch geweht. Die Thermik schickte diese mit dem Wind Richtung Osten. Im ca. 25 km entfernten Kürten gehen sie nieder. Tausend Papiere … Diese Nächte wiederholen sich immer und immer wieder. Und die Auswirkungen spürt das komplette Kölner Umland. Jedes Mal!

Kapitel 10: Bomben über Kürten

In Kürten steht eine Flak. Sie ist in der Nähe der Kreuzung Spitze. Daher wird sie die „Spitze Flak" genannt. Sie funktioniert etwa so: Ein Feuerleitoffizier misst die Entfernung zum Ziel. Die Granate wird darauf eingestellt. Sie wird abgeschossen, im günstigsten Fall explodiert sie vor dem Flugzeug und splittert in der Luft auseinander. So entstehen am Himmel dunkle Wölkchen. Dem feindlichen Flieger sollen so die Rotorenblätter zerschossen werden und der dahinter befindliche Motor explodiert. Dann gibt es unter anderem noch die 2-cm-Flak-30, von so einer ist ein feindlicher Flieger nachts angeschossen worden. Damit er weiter fliegen kann, muss er Ballast abwerfen. Das macht er auch. Und zufällig fallen diese Bomben in die Ortschaft Bech. So ist der Krieg in Kürten angekommen!

Trotzdem geht das normale Leben weiter. Alle gehen ihrer Arbeit nach, auch Heinz geht normal zur Arbeit. Auf einmal hören sie lautes Flakfeuer ... Da wird vormittags ein englischer Bomber beschossen. Mitten über Bergisch Gladbach schmeißt er seine gesamte Munition ab. Teilweise explodieren die Geschosse unterhalb der Firma Köttgen, der Rest versinkt im Dreck. Gott sei Dank steht dort kein Haus ...

Seine Kollegen prophezeien, das war's! Wenn sie jetzt schon bei Tag angreifen, ist bald alles vorbei! Sofort bricht ein Streit vom Zaun. Einer der Arbeiter widerspricht in die Rund ... „Das ist nicht wahr! Nur weil die sich tagsüber hier verirren, heißt das noch gar nichts." Der kleine alte schmächtige Carl mit seinen Segelohren schreit: „Was denn, wer von euch ist so hinterweltlich und sieht nicht, dass der Krieg verloren ist? Mein Sohn ist seit Anbeginn des Krieges mit dabei! In Polen sagten sie ihm, nur gegen Polen wird sich verteidigt! Dann kam Frankreich dazu! Dann muss ja unbedingt übers Mittelmeer gegangen werden! Warum auch immer."

Aus dem Grüppchen kommt der lange Fritz raus. „Ja, das ist alles richtig. Und wie schnell hat die Wehrmacht denen in den Arsch getreten?", fragt er.

Carl erwidert laut: „Ja. Und jetzt fliegt uns die ganze Sache um die Ohren. Aber du weißt ja alles besser! Du redest dir die ganze Sache schöner, als sie je gewesen ist! Du warst doch auch einer von denen, die gesagt haben, dass die 6. Armee in Gefangenschaft ging, um so besser von Sibirien angreifen zu können! Du hast doch nichts, aber auch gar nichts verstanden."

Sofort geht der lange Fritz auf Carl los. Die anderen trennen sie voneinander. Nach kurzem Gerangel geht wieder jeder an seine Arbeit.

Kapitel 11: Arme Heti

Von Heti kommt ein Brief, dass Elisabeth mit vier Jahren, gestorben seit. Richard wurde beurlaubt. Nach der Beisetzung geht er wieder in seine Kompanie. Beide sind fertig! Er wird versetzt. Er braucht nicht an die Front, er erhält eine Stelle in einem „Lager". Heti ist erleichtert. Wenigstens steigen die Chancen dafür, dass Richard alles unbeschadet überlebt.

    Drei Monate später besuchen sie beide die Familie in Waldmühle. Richard hat sich geändert. Er redet kaum noch. Das einzige, was er noch macht, ist Kartenspielen. Mit seinem Schwiegervater. Irgendwie sieht er dann abgelenkt aus. Alle freuen sich, dass er diese Superstelle hat, wo er weit genug vom Krieg weg ist.

    Richard nimmt von den Gesprächen Notiz. Mehr nicht! Es soll ca. ein halbes Jahr dauern, da erreicht die Waldmühle, die nächste Hiobsbotschaft! Richard lässt sich in seine alte Kompanie zurückversetzen! Sie stehen in schwersten Gefechten in Russland. Heti fragt ihre Stiefmutter um Rat. Diese hat einen simplen Plan ... Sie lädt Richard und Heti nach Waldmühle ein, um ihm zu zeigen, wie schön das Leben doch immer noch sein kann. Und um ihm zu zeigen, was für eine tolle Frau er hat.

    Gesagt, getan. Kurz vor seinem Kompaniewechsel quartieren sich Richard und Heti im Hotel Tritz ein. Richard ist weit weg von dem, was er früher war. Er hat an Gewicht deutlich abgenommen, er interessiert sich für fast gar nichts mehr und er hat mittlerweile einen leeren Blick. Alle sind sich sicher, dass der Tod seiner Tochter der Auslöser ist. Sie reden auf ihn ein, er hört nicht zu. Sie tischen auf, er hat keinen Hunger. Sie wollen mit ihm nach Bergisch

Gladbach, ihm tun die Füße weh ... Sie fragen ihn, warum er an die Front will. Ist es wegen seiner Freunde? Ist es wegen seiner verstorbenen Tochter? „Denk doch mal an deine Frau ..." Er antwortet nicht!

Am letzten Abend vor der Abreise kann Heinz ein Gespräch zwischen Heti und Richard durch die Wände lauschen. Sie weint und fragt ihn aus. Sie will ihn nicht verlieren. Sie bettelt ihn an, um Himmelswillen in diesem Lager zu bleiben. Da hört er Richard aufbrausend mit Heti schreien: „Ihr habt ja alle keine Ahnung! Ich halte es nicht mehr aus! Diese Gräuel! Wo man nur hinguckt, sieht man Mord und Verderben!"

Sie fällt ihm ins Wort: „Ich weiß, ich weiß!"

„Ach", schreit er sie weiter an. „Du weißt gar nichts! Ihr wisst doch alle nichts! Ich habe letzten Monat zehn Kinder erschossen! Ich kann nicht mehr, ich will nicht mehr!"

Dann ist Ruhe in dem Zimmer.

Wenn jemand meinte, bei meinem Opa etwas Gutes über diese Nazizeit erfahren zu müssen, antwortete er meistens mit dieser Geschichte und sagte immer: „Sei froh, dass wir den Krieg verloren haben! Bei denen wärst du sonst auch durchgedreht!"

Tage später ist Heinz wieder Richtung Kürten unterwegs. Plötzlich steht jemand neben ihm, unvermittelt schlägt dieser ihm ins Gesicht! Heinz erschreckt, nimmt diese „Backpfeife", wird sauer und da erhält er sofort die Erklärung ... Dieser ca. 20jährige in brauner Uniform dastehende Halbstarke sagt sofort mit forscher Stimme: „Fahne grüßen!" Und zeigt auf eine Hakenkreuzfahne, die an einem Haus hängt. Heinz will eigentlich auf ihn losgehen, doch er sieht, dass er ihm physisch überhaupt nichts entgegensetzen kann. Allerdings fragt er ihn, ob er nicht ganz richtig wäre.

Er schreit ihn weiter an: „Die habe ich ja noch nicht mal gesehen!"

„Schlimm genug", antwortet dieser „Hüne" auf eine stupide und dennoch altkluge Art und Weise.

Heinz ist klar, dass es nichts bringt, sich mit ihm weiter zu unterhalten. Er dreht sich im Gespräch rum und geht seinen eigentlichen Weg, wenn auch hoch sauer und eigentlich kampfeslustig, weiter. Er hat die Nase voll, von diesen Idioten! Er dreht sich nochmal rum und ruft ihm zu: „Demnächst grüße ich jeden Briefkasten!" Bevor er seinen weg dann letztendlich weitergeht.

Ich fragte meinen Opa, warum er nicht seine Brüder zur Hilfe geholt hat. Mein Opa lachte kurz und wurde sofort toternst!

„Was glaubst du eigentlich, was dann hätte passieren können? Man durfte damals sowieso nicht viel ... Aber etwas gegen den Staat sagen, wäre wie ein Todesurteil gewesen! Wenn jemand etwas gegen den Staat sagte, egal, ob politisch rechts oder links, bekam man es auf jeden Fall mit der Exekutive zutun! Hättest du einen Stein in ein Fenster einer sozialen Einrichtung geworfen, wärst du aus dem Gefängnis nicht mehr raus gekommen! Staatseigentum war mehr als heilig für das Pack!"

Dieser Vorfall, der Tod seines besten Freundes an der Ostfront und viele weitere Kleinigkeiten bringen ihn dazu, aus der HJ auszutreten. Dieser Idee folgt auch sein Freund Bubbi. Sie beide treten unmittelbar später regulär in die Feuerwehr Kürten ein. Sie waren ja vorher schon innerhalb der HJ darin tätig. Außerdem wird in Zeiten des Krieges die Feuerwehr mindestens genauso wichtig wie die Wehrmacht selber.

Auch der Musikverein Kürten bekommt ein Schreiben, wo von hoher stelle bestimmt werden soll, den Verein zu einer SS-Kapelle umzustrukturieren. Sie überlegen ausgiebig die Vor- und Nachteile einer SS-Kapelle. Die Vorteile wären, dass Uniformen und Instrumente teilweise zur Verfügung gestellt würden ... Aber die Nachteile wären, dass man über sie im vollen Umfang verfügen würde. Sie kommen auf eine sehr simple Idee. Sie nennen sich von nun an: „Feuerwehrkapelle Kürten". So haben sie zwei Fliegen mit einer Klappe geschlagen.

Ich bin selber, seit ich zwölf Jahre alt war, treu nach meinem Vorbild in der Feuerwehr. Ich kann mich noch gut daran erinnern, wie damals mein Opa, wenn die Sirene ging, in den Einsatz fuhr. Er rannte in den Keller, zog sich seine Schwarze Feuerwehruniform mit dünnen roten Streifen an den Nähten und den silbernen Knöpfen an ... den großen Ledergurt, Helm und grüne Gummistiefel. Nach seinem letzten Einsatz hat er die Sachen an seine Stelle zurück in unseren Keller gehangen. Sie hingen da sehr wahrscheinlich aus Zufall. Heute hängen sie da immer noch ... jetzt aber aus sentimentalen Gründen. Seitdem ich dann im aktiven Dienst in der gleichen Einheit wie Opa war, verlangte er immer, dass ich meine „Klamotten" aus Brandeinsätzen auch in den Keller bringen sollte. Er sagte, dass er riechen will, ob ich im Feuer gearbeitet hätte! Und wenn die Sachen dann in unserer Waschküche lagen, stank das ganze Haus, als wäre es bei uns am Brennen. Einmal sagte meine Oma zu ihm, wo er am Küchentisch saß und sie am Spülbecken arbeitete, dass jetzt wieder tagelang der

Gestank im Haus zu riechen sei. Er antwortete darauf nur leise: „Ja, das ist mein Junge."

Wir waren in einem Gespräch von Gefahren an Einsatzstellen. Er sagte: „Ja, ihr habt heute wirklich mit vielen Gefahren zu tun, aber eine Gefahr kennt ihr nicht!"

In Kürten-Olpe startet ein Landwirt in der Scheune einen Diesel-Motor. Es entsteht ein kurzer Funkenflug und sofort fängt die Scheune Feuer. Er rennt ins Haus, schickt seine Frau los, Hilfe holen. Es dauert nicht lange und die Sirene geht. Währenddessen holt er die Kinder aus dem Haus und versucht, das Vieh zu retten. Wiederum dauert es nicht lange, da steht die Feuerwehr vor dem Haus und fängt sofort mit dem Löschangriff an. Von allen Seiten hört er „Wasser Marsch!", die Feuerwehrmänner geben alles! Jeder legt sich ins Zeug. Da ertönten alle Sirenen nochmals. Sie schauen nach oben und der Himmel wird schwarz von Flugzeugen! An der Pumpe steht als Maschinist der Jüngste der HJ. Er bekommt Angst und ihm wird mulmig. Bubbi sieht das, er ruft zu ihm rüber: „Ist was?"

Der kleine Junge guckt ihn verängstigt an, sagt nichts.

Bubbi schreit: „Du bleibst da, wo du bist! Wir alle bleiben da wo wir sind! Wir löschen weiter!" Im etwas ruhigerem Ton sagt er: „Wir sind Feuerwehrmänner."

Kapitel 12: Ottilie ist die Mutter!

Ich saß mal wieder bei uns vorm Hotel. Es war einer dieser Tage, wo es scheint, als ob die ganze Welt über einem zusammenbricht. Mein Opa kam aus dem Haus und wollte zu seinem Auto. Im Vorbeigehen fragte er: „Na, kannst du wieder was nicht?" Ich antwortete genervt: „Was ist?" Er sagte: „Wenn ich mal meine, irgendwas nicht zu können, dann denke ich immer an meine Mutter."

Das Leben meint es nicht gut mit der Familie Tritz. Kaum sind Heti und Richard abgereist, da kommt eine Depesche aus Hamburg. Die Frau von Hans stirbt bei der Geburt ihrer Tochter. Die beiden Söhne, Volker und Hagen, werden einem Kinderheim überstellt. Nachmittags kommt die zweite Depesche. Hans ist in Polen auf eine Mine geritten und Meike bleibt so lange im Krankenhaus, bis sie von ihrer Tante aus Berlin abgeholt wird.. Ihn hat es schwer erwischt. Er liegt in einem Feldlazarett.

Mutter Ottilie setzt sich in den Sessel und guckt ihrem Mann und Heinz zu, wie sie beide ihre Aufgaben erledigen.

Am nächsten Tag macht sich Josef für den Tag fertig und sieht, wie Ottilie ihr altes Krankenschwesterornat anzieht, sie richtet sich das Schwesternhäubchen mit dem roten Kreuz drauf. Josef sieht sie mit großen Augen an. „Was machst du da? Wo willst du denn hin?"

Sie antwortet: „Zu meinen Enkeln, zu meinem Sohn!"

Josef ist außer sich. „Der ist nicht dein Sohn und du bleibst hier!"

Sie guckt ihn an und sagt mit äußerster Disziplin: „Was meinst du eigentlich, warum ich dich geheiratet habe? Wegen dir? Du Tyrann! Ich habe dich geheiratet wegen der Kinder! Und ich lasse keins davon zurück!,,

Sie dreht sich um und geht! Ohne Geld, ohne alles! Sie hält den Milchmann an und fragt ihn, ober er sie mit nach Bergisch Gladbach mitnehmen kann. Von da aus fährt sie mit der Bahn nach Köln. Sie nimmt den ersten Zug nach Hamburg. Da dieser Zug nicht komplett durchfährt, muss sie die ganze Fahrt lang improvisieren. Umsteigen, manchmal sogar erst in andere Richtungen fahren, um ans Ziel zu kommen. Sie fährt abschnittsweise mit Militär-LKWs. Auch Bauern und andere Leute nehmen sie stückweise mit. Nach einer Woche kommt sie in Hamburg an. Sie geht ins Rathaus und erkundigt sich, wo ihre Enkel Volker und Hagen untergekommen sind. Auch diesen bürokratischen Wahnsinn übersteht sie.

Nach zwei Tagen hat sie das Kinderheim gefunden, wo sich die beiden Enkel befinden. Sie kommt rein und die beiden Jungs rennen mit offenen Armen auf sie zu. „Oma, Oma, Oma!" Sie springen ihr förmlich an den Hals.

Ottilie kommt, getarnt als Lazarett–Schwester, an Informationen, wo die Fronttransporte ankommen. Sie weiß, in welches Krankenhaus Hans verlegt wird. Alle drei machen sich auf den weg dorthin.

Sie meldet sich an, trägt sich als Lazarett-Schwester ein und fängt an, Kranke und Verwundete zu versorgen. Ein Oberarzt hat den Eindruck, dass Ottilie nur da ist, um jemand bestimmtes zu behandeln. Er setzt sich mit seinen Arztkollegen und ein paar Krankenschwestern zusammen. Sie wollen Ottilie eine Zeit lang beobachten und wenn sich der Verdacht erhärtet, schlägt eine Falle zu. Derweil dürfen die beiden Jungs bei ihr bleiben. Es ist ja auch so, dass jede helfende Hand hier benötigt wird.

Hans wird unterdessen auf dem Transport vom Lazarett zum Krankenhaus offenbart, dass die Ärzte nicht wissen, ob das Bein zu retten ist. ihm gehen tausend Sachen durch den Kopf. Die Ehefrau ist tot! Was ist mit seiner gerade geborenen Tochter Meike? Wo werden wohl seine Söhne sein? Was passiert mit seinem Bein?

Er verzweifelt ... Er fragt immerzu, ob jemand Informationen über seine Kinder hat. Er ist ans Bett gefesselt und hält Höllenschmerzen aus. Eine Schwester sagt ihm: „Es wird alles gut. Du wirst jetzt ins Krankenhaus verlegt."

Dort angekommen, wird er in ein Krankenbett gelegt und in die Abteilung für Verwundete geschoben. Die Schwester, die vorweg geht, macht nach dem langen Flur die große Zimmertüre auf, man sieht unzählige Verwundete nebeneinander liegen. Fast am Ende ist eine Lücke, wo Platz für sein Bett ist. Sie schieben ihn dorthin. Erst auf dem zweiten Blick fällt ihm auf, dass irgendwas nicht stimmt. Er sieht genauer hin, doch das Licht der Sonne bricht ganz am Ende des Raumes an drei Gestalten. Je näher er geschoben wird, desto deutlicher werden die Umrisse. Er erkennt seine Mutter im Schwesternornat mit seinen beiden Kindern an der Hand.

Er bricht in Tränen aus. Keiner, weder die Kinder noch die Schwestern und auch die anderen Kameraden, kriegen einen Ton heraus. Ottilie geht ans noch nicht in Position geschobene Bett, drückt seinen Kopf ganz fest an sich und flüstert: „Ich mach dich wieder gesund mein Sohn."

Sie pflegt ihn und die anderen Verwundeten mit einer Hingabe, dass sie nach ganz kurzer Zeit als die gute Seele im Krankenhaus bekannt wird.

Sie erarbeitet sich in rasender Geschwindigkeit einen Ruf, als Mutter aller Verwundeter. Das hat zur Folge, dass die beiden Kinder überhaupt kein Problem für den Krankenhausbetrieb darstellen. Der Oberarzt, der anfangs Ottilie nicht traute, nimmt sie zur Seite und entschuldigt sich förmlich bei Ihr. Sie sei das taffste, was er seit langem gesehen hätte. Wenn er ihr einen Gefallen tun könnte, sollte sie auf keinen Fall zögern, ihm diesen zu äußern.

Hans kann nach 2 Wochen wieder auf Krücken laufen.

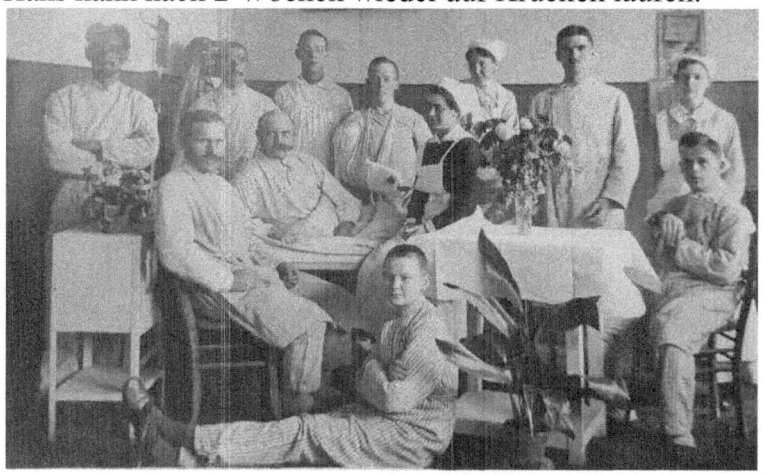

Bild aus dem Lazarett, in dem Ottilie Ihren Dienst leistete. Sie steht als erste von rechts

Ottilie stellt den Antrag, ihn bei sich zuhause unter Beobachtung des Hausarztes und Überwachung eines Amtsarztes gesund zu pflegen. Sie versichert, dass sie das Ziel verfolgt, ihn so schnell wie möglich KV (kriegsverwendungsfähig) schreiben zu lassen. Und nun kommt der Oberarzt wieder ins Spiel. Er wird dieses Unterfangen in vollem Umfang absegnen. So ziehen die vier los, nach Waldmühle. Hans ist erstaunt, mit welchem Witz, welcher Gerissenheit und welchem Dusel sie es immer wieder schaft, Meter für Meter näher nach Waldmühle zu kommen. Und am

Ende kommen sie spät nachts, die Kneipe ist schon geschlossen, in Waldmühle an.

Jetzt heißt es, Hans pflegen! Nur womit? Josef und Ottilie kriegen sich wieder in die Haare. „Wie soll ich denn noch drei Mäuler mehr stopfen?", fragt er.

Ottilie ignoriert ihn. Sie hat es bis hier hin geschafft, dann schafft sie den Rest spielend! Doch Josef weiß ja wieder alles besser! Er hat mal wieder eine super Idee ...

Rüber zum Boxberg geht er und fragt, ob dieser Interesse an einem Stück Land hätte? Josef Boxberg geht mit ihm hinter die Scheune, Josef Tritz zeigt es ihm. Es handelt sich um einen Streifen, den Boxberg immer haben wollte. Sie machen einen Preis aus und der Deal ist perfekt.

Tritz kommt nach Hause und erzählt freudestrahlend von dem Geschäft, das er soeben abgewickelt hat. Mutter Ottilie guckt ihn an. „Das ist doch das Stück, was er immer haben wollte. Was du ihm nicht verkaufen wolltest."

„Ja richtig!"

„Wie?", fragt sie nochmals nach. „Du hast ihm den Neidstreifen verkauft?"

Josef steht dort, stützt sich mit beiden Händen auf seiner Theke ab. Lächelnd und erleichtert sagt er „Ja! Die Pflege von Hans ist es mir wert!"

Er soll nicht lange was davon haben. Mittlerweile weiß jeder, dass Josef Tritz unwahrscheinlich gerne Wetten abschließt. So auch an diesem Tag! So wettet er mit allen möglichen um irgendwelche Kleinigkeiten. Und siehe da. Nicht ganz vier Stunden später hat er alles verspielt! Resultat, Land weg! Und Geld für die Pflege auch weg!

Nachdem sie Hans gesund gepflegt hat, wird er wieder bei der Wehrmacht eingesetzt. Die Tante, die sich um die kleine Meike kümmert, holt jetzt auch Volker und Haagen mit in die Hauptstadt. Die beiden Jungs sind zwar noch so klein, aber trotzdem wissen sie schon, wer ihren Vater an die Front geschleppt hat.

Sie wohnen unweit vom Regierungsviertel Berlin entfernt. Sie sehen des öfteren Hitler mit ein paar Wachleuten über die Straße gehen. Und sie hassen ihn!

Vor ein paar Jahren habe ich Land gekauft, unter anderem fiel auch durch Zufall dieser „Neidstreifen" darunter. Ich kam von dem Kauf nach Hause und erzählte es meinem Opa, der schon im Rollstuhl saß. Ich sagte zu ihm: „Opa, ich habe den Neidstreifen zurück gekauft ..."

Er sah mich mit leeren Blick an und sagte: „Das hättest du vor 60 Jahren machen sollen, dann hätte sich mein Vater darüber gefreut. Mir war es und ist es immer noch egal. Und außerdem war der alte Boxberg ein feiner Kerl. Im Gegensatz zu meinem Vater!"

Es dauert nicht lange, dass Hans das Hotel gesund verlassen hat. Da kommt wieder ein Telegramm. Paul hat es an der Front schwer erwischt, am nächsten Morgen steht Ottilie wieder im Schwesternornat vorm Spiegel und richtet sich ihr Rotes-Kreuz-Häubchen. Josef steht neben ihr. Dass sie sich gerade auf den Weg nach Hamburg zu Paul ins Krankenhaus macht, steht außer Frage. Er möchte wissen, ob sie auch ihn mit nach Waldmühle bringt. Sie nickt und antwortet: „Wenn er will, nehme ich ihn mit hier hin."

„Ja", fängt Josef an rum zu drucksen, „meinst du, das wäre eine gute Idee?"

Sie fährt wieder aus der Haut: „Es geht nicht um dich! Es geht um meinen Sohn!"

Er will gerade sagen, dass sie nur die Stiefmutter ist, doch Ottilie schreit ihn weiter an: „Ich kümmere mich da um meine Kinder, wo es nötig ist! Da wo sie mich brauchen! Und wenn es mitten auf der Hauptkampflinie ist!"

So macht sie sich wieder auf den Weg nach Hamburg. Mittlerweile ist die Fahrt und die Umstände für sie fast ein Kinderspiel. Sie kommt im Krankenhaus an und Paul liegt schon auf seiner Station. Freudestrahlend fällt er seiner Stiefmutter in die Arme. Sie pflegt ihn komplett im Krankenhaus, denn Paul will gar nicht nach Waldmühle. Nach Wochen kommt Ottilie wieder nach Hause. Und das Leben scheint normal weiterzugehen.

Nach einigen Monaten kommt das nächste Telegramm. Und am nächsten Morgen steht Ottilie wieder im Ornat vorm Spiegel. Diesmal ist es Willi, der nach Uckerath ins Krankenhaus eingeliefert wurde. Er wurde wie die beiden anderen Brüder auch an der Front schwer verletzt.

Diesmal sagt Josef nichts. Er nimmt es wortlos hin, dass sie nach Uckerath zu Willi fährt, und er fragt auch nicht, ob Willi mit nach Waldmühle kommt.

Doch auch Willi bleibt im Lazarett und wird dort von Ottilie gesund gepflegt.

Kapitel 13: Der Krieg geht in die Endscheidung

Heinz macht seine Lehre zu ende, er hat alles gelernt, was man als Blechschlosser wissen muss, und legt seine Gesellenprüfung ab. Er ist jetzt 16 Jahre alt und steht auf eigenen Beinen. Doch dieses Leben soll jetzt erst mal warten.
Man muss dabei sagen, dass auch in Kürten der Krieg näher und näher kommt. Es werden immer mehr verwundete und Gefallene gemeldet. Und trotzdem gibt es noch Menschen, die feste an den Endsieg glauben. Die Bevölkerung ist zwar skeptisch, doch die Nachricht von einer sogenannten Wunderwaffe macht die Runde. Die Russen übernehmen derzeit, in der gleichen Geschwindigkeit wie die Wehrmacht vorher, ihre Ländereien zurück … Doch man ist sicher, dass Hitler an einer Vergeltungswaffe arbeiten lässt. Und außerdem hat er in einer atemberaubenden Geschwindigkeit Deutschland nach vorne gebracht. Wieso sollte diese Lichtgestalt jetzt nicht zu seinem Wort stehen?
Um diesen Zustand real beschreiben zu können, stellt man sich einen Kinderspielplatz vor, wo zwischen Rutschen und Sandkasten diese Karussells stehen, in dem ein paar Kinder Platz nehmen können. Andere Kinder schieben von außen dieses Karussell mit der Hand an. Je mehr sie von außen schieben, desto schneller dreht sich die „Zentrifuge". Am Anfang finden das alle innen sitzenden Kinder toll. Doch nach kurzer Zeit wird den meisten schwindelig. Sie verlieren die Orientierung und da sie die Umgebung nicht mehr wahrnehmen können, ist ein Abspringen überhaupt nicht mehr möglich. Sie hoffen nur noch, dass der außen stehende „Schieber" damit aufhört.

Dieses Gefühl haben die allermeisten Kinder, die auf solch einem Karussell sitzen. Und so ist der Eindruck der überwiegenden deutschen Bevölkerung.

Dann gibt es Kinder, denen es einfach nicht schwindelig wird. Es kann gar nicht schnell genug gehen. Sie sind in der Minderheit! Sie machen sich über die Kinder lustig, die neben ihnen grün anlaufen und „seekrank" sich fast übergeben. Da sie so taff erscheinen, würde niemals ein Kind sich gegen sie auflehnen. Diese Kinder kann man mit dem fanatischen Kern der deutschen Gesellschaft vergleichen. Und dann gibt es noch das eine Kind! Ihm ist es egal, was die Kinder im Karussell sagen, was sie durchmachen, ob es ihnen passt, ob sie spaß dabei haben, ob sie schon weinen. Es macht höchst egoistisch nur eins im Leben! Das, was es will! Und das ist in diesem Falle, das Karussell zu schieben! So lange, wie es das selber will! Viel schlimmer noch, dieses Kind bestraft sogar die Kinder, die im Karussell anfangen zu brechen.

Dieses Kind kann man mit Hitler und seinem allerengsten Führungsstab vergleichen!

Auch Kürten hat einen, wenn auch sehr kleinen fanatischen Kern. So wird ein Englischer Bomber zwischen Wipperfürth und Kürten von einer 20-mm-Flak angeschossen. Die Maschine verliert sehr schnell an Höhe und der Pilot versucht durch Abwurf von Munition, Ballast zu verlieren, um dann die Maschine wieder einzufangen. Die Granaten fallen kurz vor Kürten in einen Streifen zwischen den Ortschaften Junkermühle bis Kürten Bielstein und versinken dort teilweise ohne zu explodieren im Dreck. Der Pilot kann danach tatsächlich die Maschine noch einmal hochziehen, doch da eröffnet die Spitzeflak schon das Feuer auf ihn. Die Propeller werden zerschossen und so explodieren die dazu gehörenden Motoren. Der Pilot und seine Crew haben nur noch die einzige Chance zu überleben, indem sie abspringen. So öffnen sich die Fallschirme und die drei landen verstreut zwischen Kürten und Kürten Olpe. Der Pilot landet hart auf einer Wiese zwischen Kürten Tannenbaum und dem Freibad von Kürten. Da er nicht aufsteht, geht man davon aus, dass er verletzt ist. Das sieht, ein bei der Post in Kürten stehender SS-Soldat. Fanatisch, wie er ist, besorgt er sich schnell ein Fleischermesser aus irgendeiner Küche. Dann springt er auf ein an der Straße abgestelltes Motorrad und fährt zu dem Piloten, der auf der Wiese im hohen Gras liegt. Wohl wissend, dass der Pilot ebenfalls bewaffnet ist, geht er ruchlos auf ihn los. Er bringt ihn um, ohne mit der Wimper zu zucken! Die anderen beiden Soldaten werden von Bauern und Anwohnern gestellt und dem Dorfpolizisten übergeben. Sie bringen sie ins Bürgermeisteramt, ins Oberdorf und dort werden sie im Keller des Amtes eingesperrt.

Sie werden nach wenigen Tagen von der Feldgendarmerie (auch Kettenhunde genannt) abgeholt. Doch bis dahin werden sie in diesen paar Tagen täglich von Rudi Siemer mit dem Stock malträtiert. Doch warum macht er das? Wenn man sich Rudi Siemer ansieht, er humpelt stark, höchstwahrscheinlich hat er ein angeborenes Gebrechen ... Vielleicht will er nur allen zeigen, dass er ein vollwertiger Mensch ist.

Man sollte dabei wissen, dass zu dieser Zeit, ganz anders mit Menschen umgegangen wurde, die nicht genau den nationalsozialistischen Gedanken entsprachen. Zunächst wurden Menschen mit angeborener Behinderung aus dem Verkehr gezogen. Sie wurden in „Heime" gebracht, um sie

dort zu sterilisieren, und man hat selbstverständlich nicht davor zurückgeschreckt, ihnen dort das Leben zu nehmen. Sie gehörten nicht zu dieser Herrenrasse. Männer hatten groß zu sein, stark und blond mit blauen Augen. Frauen hatten dünn, blond mit ebenfalls blauen Augen zu sein. Ihre Aufgabe war es, Kinder zu kriegen und zuhause am Herd zu stehen!
Und wiedermal bekommt der Größenwahn ein weiteres Gesicht! Man versuchte tatsächlich, einen sogenannten „Lebensborn" aufzubauen. Dazu wurden Männer und Frauen, die vom Aussehen und ihrer mentalen und medizinischen Voraussetzungen genau dieser Ideologie entsprachen und dabei noch ledig waren, an einem dafür hergerichtetem Ort zusammengebracht. Dort sollten sie sich vermehren. Dort sollten Kinder entstehen, die als Übermenschen funktionierten ... Stark, gesund, schlau usw.
Sie haben es nicht geschafft.
Was wäre, wenn sie es geschafft hätten? Stellen wir uns die heutige Gesellschaft mal vor, wenn alle aus solch einer Zucht entstanden wären ...?
Menschen ohne Gebrechen, alle gleich aussehend, alle gleich schlau ... hätten wir dann noch etwas Menschliches in unserer Gesellschaft?
Ich muss ehrlich sagen, das fände ich furchtbar. Jeder würde permanent um eine Gute Tat beraubt. Auf was müssten wir alles verzichten?
Ich erinnere mich gerne an ein Fußballspiel zwischen dem 1. FC Köln und dem FC Schalke 04. Wie das Spiel ausging, habe ich schon vergessen. Doch darum geht es gar nicht, mir geht es um den Heimweg ... Dort an einer Treppe stand ein Rollstuhlfahrer in einem elektrischen Rollstuhl und hatte es sehr eilig. Sofort und ohne zu zögern kamen

zwei Köln-Fans und zwei Schalke-Fans sowie eine Polizistin und trugen ihn mit dem Rollstuhl die Treppe herunter. Es kamen so viele, um irgendwo mit anfassen zu können, dass wir uns fast gegenseitig im Weg standen. Alle wollten helfen. Und am Ende standen wir alle da und wussten, dass wir eine gute Tat getan haben. Das sind Momente, die unbezahlbar sind. Und genau so gibt es Werkstätten und Einkaufsläden, wo ausschließlich Menschen mit Behinderung arbeiten. Ich finde es klasse, dass wir uns alle gegenseitig helfen können und auch auf Hilfe angewiesen sind, egal, wie wir aussehen und egal, wie schwer es der Einzelne hat.

Das ist lebendig! Das ist Leben!

Diese Gesellschaft gäbe es dann wohl nicht. Das ist ein Grund, warum mein Opa mir immer sagte: „Seid froh, dass wir den Krieg verloren haben!"

Eines Morgens steht die Wehrmacht mit dem LKW vor der Türe vom Hotel und holt Heinz ab. Sie machen keinen Halt mehr vor Alter oder Fähigkeit. Jeder wird gebraucht. Mutter Ottilie, die bei allen sehr traurig war, konnte nicht mehr inne halten. Sie setzt sich auf die Straße und weint bitterlich. Er sieht ihr nach, bis zur ersten Kurve …

Er macht die Grundausbildung und wird in ein Panzerbataillon überstellt. Dort macht er den Führerschein bis 16t-Kettenfahrzeug. Während der praktischen Fahrstunden, soll er auf einem „Hetzer" links zurücksetzten. Doch leider hat er eine rechts/links-Schwäche. Er kann es sich einfach nicht merken, welche Seite wo ist. Er setzt zurück und fährt eine Große Birke um! Der Fahrschullehrer rastet komplett aus. Um ihm beizubringen, wo rechts oder links ist, muss er die restlichen Kilometer hinter dem Panzer her laufen! Nach ca. 20 km kommen sie an den Hallen des

Bataillons an. Total fertig fällt er in seine Stube. Aber wo rechts oder links ist, kann er sich immer noch nicht merken!

Er ist der Kleinste und Jüngste in der ganzen Kompanie. Morgens, beim Antreten, wird er als an Anschauobjekt genutzt, was die Gesichtsrasur betrifft. Der Spieß holt ihn nach vorne und zeigt den anderen Soldaten: „So sollt ihr euch rasieren." Alle inklusive Spieß wissen, dass Heinz noch keinen Bartwuchs hat. So gibt es morgens eine kleine Aufheiterung.

Zur etwa gleichen Zeit wird Hermann auf einem Schnellboot der Marine eingesetzt. Bei einem Einsatz in der Nordsee treffen sie auf ein englisches Kriegsschiff. Was genau passiert ist, habe ich nie erfahren. Mein Opa sagte immer nur, wenn ich ihn auf seine Brüder angesprochen habe: Der Hermann hat auf hoher See mit dem Tommi Krach gekriegt ... Sie müssen mit ihrem Schnellboot in einem Gefecht involviert worden sein. Dabei wird das Schnellboot so beschädigt, dass es sinkt. Hermann, der ein echt guter Schwimmer ist, wird von den Engländern aus dem Wasser gefischt. Und so begibt er sich in englische Gefangenschaft.

Sein ohnehin schon angeknacktes Weltbild, was ihm von Kind an eingetrichtert wurde, soll jetzt vollends zerbrechen! Er wird von den einst bösen Gegnern mit äußerster Disziplin, man kann es sogar „freundschaftlich" nennen, aufgenommen. Er wird nach England in ein Kriegsgefangenenlager gebracht. Und auch da geht man mit den Gefangenen weitaus besser um als die Wehrmacht je zuvor. Sie haben ein so freundschaftliches Miteinander mit den englischen Truppen, dass die Gefangenen selber Angst um ihre neuen englischen „Kameraden" bei Luftangriffen der

Deutschen haben. Denn der einstige Feind bringt nun die gegnerischen Truppen in Sicherheit vor der Deutschen Luftwaffe und sitzt selber auf Flakgeschützen, um seine Gefangenen vor den eigenen Leuten zu schützen!

Mein Opa war nie der beste Autofahrer, aber eins konnte er auf den Tod nicht ausstehen: wenn jemand seinen Wagen abwürgte! Er schnallte sich ab und fing wie wild an, mit mir zu schimpfen und zu fluchen! Warum er so reagierte, habe ich lange nicht verstanden ... bis er mir fast beiläufig die nachfolgende Geschichte erzählte.

Heinz bekommt den Marschbefehl, in der Tschechei seinen Dienst in einer Kampfkompanie zu leisten! Dort ist er als Fahrer auf einem Sturmgeschütz 38T „Hetzer" eingesetzt. Schon am ersten Tag, fällt ihm auf, dass mit den Leuten etwas nicht stimmt. Alle kratzen und jucken sich ständig ... Es dauert nur wenige Stunden, da weiß er, warum. Die komplette Kompanie ist von Läusen und Wanzen übersät. Es ist zwar noch nicht Winter, aber trotzdem setzt in den Nächten der Frost ein. Wenn sie dann in die Nächte in ihrer Unterkunft verbleiben, hat jeder Soldat abends nur eine Aufgabe, seine komplette Bekleidung von Läusen und Wanzen zu befreien. Das machen sie, indem sie mit den Fingernägeln aus allen Nähten die Läuse zerquetschen. Danach werden die Sachen in Wasser gelegt, welches Morgens zur Körperreinigung gebraucht wurde und danach, draußen in die Kälte gehangen wird. Man hofft, dass dadurch das restliche Getier erfriert. Morgens werden dann die Steif gefrorenen Uniformen angezogen, doch spätestens nach ca. zwei Stunden fängt der erste wieder an, sich zu kratzen. Fünf Minuten später hält es wieder niemand mehr aus.

Die hygienischen Maßnahmen, die der Wehrmacht dort zur Verfügung stehen, sind unterirdisch. So besteht die Körperwäsche daraus, dass morgens ein alter Mann mit ein paar Eimern, mehrere Tröge mit Wasser füllt und die ganze Kompanie fällt drüber her. In der Nacht hört man ständig ein Geräusch, als würde ein kleiner Knopf zu Boden fallen. Sofort springt die ganze Stube auf, einer macht das Licht an und alle suchen sich und ihr Bett nach der Wanze ab, die sich gerade von der Decke hat fallen lassen.

Sie sind nicht weit von Prag entfernt. Prag ist eine Großstadt, die vom Krieg verschont bleibt. Und doch hat man Informationen darüber, dass im „Pulverturm" der Stadt verwundete Deutsche festgehalten werden. Der Divisionskommandeur gibt den Befehl, die Verwundeten mit tschechischen Verwundeten auszutauschen. So setzt sich der Tross mit elf Panzern und LKWs in Bewegung. Dort angekommen, fährt der Kompaniechef mit seinem Panzerspähwagen nach vorne und will den Austausch abwickeln. Doch da öffnet sich am Pulverturm ein Fenster und Maschinengewehrsalven treffen die Panzer und die Straße. Der Kompaniechef, sichtlich sauer, befiehlt einem Panzer aus dem Tross, der die große Spieluhr einsehen kann, einen gezielten Schuss in die selbige abzugeben. Es dauert kurze Zeit, da kommen alle mit erhobenen Händen aus dem Turm. So wird wieder eingerückt mit den eigenen und den gegnerischen Verwundeten sowie mit fünf Gefangenen.

Zufallsbild eines Sturmgeschütz 38T. Aufgenommen in Prag, zu der Zeit, in der Heinz dort gelegen hat. Es liegt nahe, dass es sich um ihn handelt ... aber beweisen lässt es sich nicht

Heinz kotzt es förmlich an, wie sich die Unteroffiziere in der gesamten Zeit präsentieren. Sie meinen alle, dass sie die Könige wären. Er soll Heiligabend einen Kohlebunker bewachen. Rings um ihn steht an diesem Abend eine Traube von Unteroffizieren. Vollends betrunken, lachend und willkürlich mit der Dienstwaffe spielend: „Na, macht's Spaß? Ich käme mir blöd vor, hier rumzustehen. Nehmen Sie mal Haltung an", wird er angeschrien. Er denkt nur, wann ist dieser Wahnsinn endlich vorbei?

Tage später fährt der Tross wieder los. Heinz als Fahrer in seinem Hetzer. Da steht, gut getarnt, ein russischer Kampfpanzer T34 links von ihnen. Ohne es zu bemerken, lenkt er sein Sturmgeschütz in die Falle. Höchst ungünstig zum Russen, präsentieren sie ihre volle Breitseite und stehen mittlerweile quer in perfekter Schussrichtung für den Russen. Im letzten Moment schreit sein Panzerkommandant: „Panzer Links!" Doch Heinz erschrickt und weiß sowieso gerade nicht, welche Richtung er jetzt einschlagen soll. Er würgt das Geschütz ab! Nichts geht mehr. Er will schnell den Motor anlassen, da eröffnet der Russe das Feuer! Er will einen Schuss von unten, durch die Ketten ins Innere des Panzers abgeben. Doch der Richtschütze schießt zu hoch. Das Geschoss trifft auf die Obere Panzerung und wird als Querschläger über ihnen in einer Felswand einschlagen. Hinter ihrem Hetzer steht in der Reihe ein deutscher Kampfpanzer, die Mannschaft reagiert sofort und schießt den Russen ab. Dies ist der Auftakt einer mittleren Panzerschlacht. Trotz erheblicher Verluste können sie jedoch den Sieg für sich bestimmen.

Als sie wieder in der Kompanie sind, meldet der Panzerkommandant diesen Vorfall dem Kompaniechef! Dieser ist mindestens genau so sauer wie alle anderen auf Heinz. Er hat eine Idee. Da keiner ihn mehr als Fahrer haben will, wird er versetzt! Er kommt in die Front-Instandsetzung, Richtung Polen. Dort angekommen, stellt man fest, dass er der Kleinste und Jüngste ist. Er soll helfen, an der Front Panzer gefechtsklar zu machen. Da die Mannschaft schon lange zusammenarbeitet und aufeinander eingespielt ist, haben sie keine richtige Verwendung für die technischen Belange ... Da er so klein ist, lassen sie ihn die Arbeit machen, die keiner mag! Die Panzer von innen zu reinigen! Er fragt, was er genau machen soll. Antwort von einem Obergefreiten mit leerem Blick: „Besenrein ... also auch Blut aufwischen. Aber auch tote Kameraden von innen aus durch die Luke nach oben angeben. Verbrannte in eine Blechtonne!"

Am ersten Tag holt er sieben Tote aus Panzern und unzählige Gliedmaßen. Am nächsten Tag fünf und dann hört er auf zu zählen. Er stumpft in kürzester Zeit ab! Fängt mit dem Rauchen an. Er nimmt die Toten und Verbrannten einfach ohne nachzudenken hin. Er denkt nur noch, dass er ja nicht der einzige ist, dem dieses Schicksal widerfährt. ALLE anderen haben das gleiche wie er zu tragen. Auch auf der gegnerischen Seite wird es keinesfalls besser aussehen. Das macht die Sache erträglicher.

Sein Schwager Richard befindet sich seit einiger Zeit an der Ostfront. Mittlerweile in Odessa. Sie stehen täglich im vollen Gefecht. Er und sein engster Kamerad Lothar, der von Anfang an mit ihm in der Offiziersschule war, hat auch Kontakt zu Heti. Er gehört fast schon zur Familie. ihm fällt auch auf, dass sich Richard in diesem „Lager" sehr verändert hat. Richard macht es scheinbar nichts mehr aus, Gräueltaten zu sehen. Er selber geht zwar nicht ruchlos mit anderen oder mit dem Feind um, aber er ist zu sich selber hart. Er geht zum Beispiel nur auf Befehl in Deckung … Das hat zur Folge, dass sich die anderen zum Teil Sorgen machen. Es kommen Gedanken auf: „Wir müssen aufpassen, dass der Hardwig nicht noch das Feuer auf uns lenkt."

Und dann kommt es zum Orts- und Häuserkampf in Odessa. Sein Verhalten ist wohl damit zu erklären, dass der Verlust seiner Tochter und die Arbeit in diesem Lager so grausam war, er so viel Leid gesehen hat, dass er sich an die Ostfront hat versetzen lassen, um noch Schlimmeres zu sehen, das ihn das andere vergessen lässt. Oder er wollte einfach nur erschossen werden.

Nachdem die Kompanie die Häuser und Straßenzüge wieder unter Kontrolle hat, stehen eine Handvoll SS-Soldaten zusammen. Unter anderem Lothar und Richard. Mitten im Gespräch dreht sich Richard zu Lothar um und sagt, „Grüß mir die Heti, grüß mir Waldmühle." Dann dreht er sich nochmal um und geht ca. 50 m weiter an eine Hauswand. Dort zündet er sich eine Zigarette an, während er sich mit Rücken und Fuß an der Hauswand anlehnt. Er schaut nochmal zu seinen Kameraden und richtet sich die SS–Uniform. Er setzt seine Schirmmütze richtig auf und nimmt eine Handgranate aus dem Mantel. Er zieht den Sicherheitssplint, hockt sich hin und legt die scharfe Handgranate vor sich auf die Straße. Mit der Zigarette im Mund beugt er sich über die Granate … Sie explodiert!

Richard hebt kurz vom Boden ab und liegt leblos auf der Straße … Er ist jetzt tot.

Richard Hardwig

Ich habe oft mit meinem Opa die Straße gekehrt… Es war ein Samstag und ich glaube, dass es schon nach der Jahrtausendwende war. Im ca. 15 Km entfernten Wipperfürth war wohl ein Fest auf dem dortigen Flugplatz … Während wir so arbeiteten hörte ich ein ganz dunkles Motorengeräusch. Es war von Flugzeugen! Ich sah hoch und konnte ganz langsam und sehr tief fliegende alte einmotorige Flugzeuge am Himmel erkennen. Mein Opa schmiss den Besen weg und rannte an die Hauswand! Er schrie mich an: „Weg da! Deckung! Komm hier rüber!" Er spinkste für eine Sekunde an der Hauswand vorbei und guckte mich wieder an. Dann wurde er weiß im Gesicht und schloss die Augen. Er sagte verbissen und erleichtert: „Das sind unsere!" Er riss die Augen wieder auf und schrie mich sofort an: „Bist du bescheuert? Du kannst froh sein, dass das ME 109 waren! Wenn das zwei Spitfire gewesen wären, hätten wir jetzt ein Problem!"

Er konnte binnen einer Sekunde erkennen, was dort am Himmel war! Er war den kompletten Tag wie ausgewechselt. Er erzählte mir an diesem und an den folgenden Tagen, was er im Boden/Luftkampf erlebt hatte. Er war wie gefesselt in dieser Zeit. Er vergaß alles, er konnte sich auf nichts mehr konzentrieren. Er stammelte nur noch vor sich hin. Ich war geschockt, dass ihn nach mittlerweile 60 Jahren von jetzt auf gleich die Vergangenheit einholte.

Heinz wird versetzt. Er kommt in eine Einheit bei Arnheim. Dort in der Nähe verzeichnen die Engländer und Amerikaner erhebliche Geländegewinne. Sie haben schon fast ganz Frankreich zurückerobert. Eines Morgens spricht ihn der Spieß an: „Hast du Läuse?" Er antwortet: „Nein, ich hab keine Läuse, die Läuse haben mich!"

Nach kurzer Beratung ist man der Meinung, dass Heinz ins Lazarett gehen soll, um sich behandeln zu lassen. Doch da die Amis einen Keil zwischen die deutschen Truppen gekämpft haben und er ja zu Fuß durch das feindliche Gebiet gehen muss, will man ihn bewaffnen. Er geht in die Waffenkammer und erhält ein Bajonett! Mit dem Bajonett an der Koppel geht er nun los. Er geht durch die Wälder und kommt auf eine Freifläche. Dort stehen eine Scheune und daneben ein Holzstapel im Viereck gestapelt. Er geht drauf zu und hört ein Motorengeräusch. Es muss ein Flugzeug sein. Ein einmotoriges ... Sehr wahrscheinlich ein Jagdflugzeug. Er hofft, dass es eine deutsche ME 109 ist. Er sieht sich in alle Richtungen um und plötzlich sieht er am Himmel etwas aufblitzen. Die Cockpitscheibe spiegelt sich in der Sonne. Blitzschnell springt er in den Holzstapel, um Deckung zu suchen. Da erkennt er am Heck der Maschine, dass es eine Spitfire ist! Ein englischer Jäger. Heinz denkt: Hat er mich jetzt doch gesehen oder nicht? Da dreht die Maschine ab. Auf einmal hört er, wie das Flugzeug beschleunigt... Er hat ihn wohl doch gesehen. Heinz weiß, dass sich der Pilot jetzt in der „Kampfrunde" befindet und jeden Moment von irgendwo auftaucht. Die Maschine wird immer lauter und kommt wohl näher ... Bis zur Scheune sind es ca. 15 bis 20m. Soll er es riskieren oder in Deckung bleiben? Er springt auf, rennt, so schnell er kann, in die offene Scheune ... Er sieht durch die Spalten der Verkleidung der Scheune, wie die Spitfire von hinten aus, ganz tief über den Bäumen auftaucht und in seine Richtung steuert. Worauf hat der Pilot es wohl abgesehen? Hat er die richtige Entscheidung getroffen?

Da eröffnet der Pilot das Feuer! Die Schüsse hämmern ein! Direkt neben ihm in den Holzhaufen und setzen ihn in Brand! Sofort nimmt er an Geschwindigkeit ab, dreht eine enge Runde und befindet sich wieder auf seinem alten Kurs ... Glück gehabt!

Heinz zündet sich eine Zigarette an und geht an den Holzhaufen. Er findet im Feuer 2cm große Geschosse! Was für ein Wahnsinn! Ob es ein Deutscher gewesen wäre oder, wie in diesem Fall, ein Engländer ... Hier werden 20-mm-Geschosse für einen einzigen Menschen abgeschossen.

Heinz ist entsetzt. Keiner weiß über den anderen Bescheid. Und doch zerhacken wir uns alle gegenseitig!

Am Lazarett angekommen, stehen ca. 60 Soldaten in der Reihe, die Türe raus. Alle Dienstränge durcheinander. Sie werden von fünf bis zehn Soldaten bewacht. Er geht an der Schlange vorbei. Denn so ein Bild sieht man an fast allen Lazaretts ... Es sind Soldaten, die wegen Tripper behandelt werden. Wer in der Wehrmacht an Tripper erkrankt, wird behandelt, bis er wieder gesund ist, und danach wegen Zersetzung der Wehrmacht hingerichtet. Alle! Die Männer selber sind sich alle sicher, dass sie diesen Krieg sowieso nicht überleben! So gibt sich jeder seinem Schicksal hin.

Nach der Behandlung gegen Läuse will Heinz wieder zurück in seine Kompanie gehen. Doch da sieht er einen Bekannten aus Lindlar, das ist ein Dorf, ca. fünf km von Kürten entfernt. Sie beide sind hocherfreut, sich zu sehen, und der Bekannte sagt ihm, dass er mit einem Opel Blitz unterwegs ist. Er bietet ihm an, Heinz an den Amis vorbei wieder in seine Kompanie zu bringen. Heinz willigt ein, weiß auch, dass es eine längere Fahrt wird ...

Um ca. 18:00 Uhr kommt er wieder in seiner Einheit an. Dort wird er von einem Unteroffizier empfangen und sofort zum Hauptmann gebracht. Der Hauptmann, richtig sauer, fragt ihn, wo er so lange gewesen sei. Heinz antwortet: „Im Lazarett."

Da antwortet der Hauptmann: „Ja, ja. Natürlich! Ich sag Ihnen, wo Sie waren! Sie wollten überlaufen! Dann haben Sie es sich nochmal anders überlegt und sind dann doch zurückgekommen! Unterdessen sieht Heinz, wie drei Soldaten mit Karabiner K98 die Seitentür in den Hof verlassen ... Der Hauptmann weiter: „Sie wissen doch, was auf Deserteure wartet? Ab raus mit ihm!"

Mittlerweile sind es zwei Unteroffiziere, die Heinz in den Hof begleiten. Hinter ihnen geht der Hauptmann her. Heinz geht auf die Nebenwand zu, wo schon Einschusslöcher zu sehen sind …

An dieser Wand werden immer Leute erschossen, die vom Standgericht zum Tode verurteilt werden.

Standgericht ist die Umschreibung für ein Pseudogericht. Der Oberbefehlshaber einer militärischen Einrichtung darf im Krieg oder im Ausnahmezustand das Gericht vertreten. Ob er dafür geeignet ist, ist völlig egal. Dadurch werden viele Urteile mit bloßer Willkür gefällt. Und dagegen wehren kann man sich halt nicht, weil die Strafen sofort vollzogen werden können. So kommt es in der Einheit von Heinz wöchentlich mehrmals vor, dass ein Unteroffizier die Stube betritt, um zu fragen, wer freiwillig mit „zur Beerdigung" gehen kann? Sie nennen es Beerdigung, weil die Soldaten, die den Verurteilten erschießen, ihn danach auch beerdigen müssen.

Unterdessen will der LKW, mit dem er gebracht wurde, das Gelände verlassen. Zufällig schaut der Fahrer zu den Soldaten rüber. Er sieht die drei mit den Gewehren, Heinz mit den beiden Unteroffizieren und den Hauptmann. Er weiß, dass es sich hier um ein Standgericht handelt. Er hält an, macht die Tür auf und ruft: „Was habt ihr denn vor?"

Alle bleiben stehen und der Hauptmann fragt sichtlich erbost über die lässige Art der Fragestellung: „Haben Sie was zu sagen?"

Fahrer: „Ja. Ich habe den Jungen gerade hier hin gebracht."

Hauptmann: „Ach ja? Und weiter?"

Fahrer: „Er war im Lazarett und ich habe ihm angeboten, ihn wieder hier hin zu bringen!"

Hauptmann: „Ist das wahr?,,
Fahrer: „Ja! Und der Torposten vom Lazarett kann es auch bestätigen!,,
Der Hauptmann guckt alle Beteiligten an und sagt: „Na gut! Dann haben Sie nochmal Schwein gehabt!" Er zeigt mit dem Daumen drehend zum Haus und sagt: „Einrücken!"

Es dauert ein paar Tage, da bekommt die komplette Einheit, mit insgesamt sieben Kompanien von je ca. 120 Mann, also in Summe ca. 840 Mann, den Befehl zu verlegen. Alle packen ihre Spinde in Seesäcke und sitzen auf ihren Fahrzeugen auf. Heinz fährt auf einer 16t-Zugmaschine mit. Da die komplette Einheit schon sehr dezimiert ist, dauert es nicht lange, bis der letzte von den noch ca. 50 verblieben, oder eher gesagt, noch lebenden Männern aufgesessen ist. Und so setzt sich der Tross in Bewegung. Nach ein paar Kilometern kommt Unruhe auf, der Luftraum-Späher hat etwas gesehen. Glücklicherweise befinden sich die meisten Fahrzeuge dicht am Waldrand. Abrupt bleibt der Konvoy stehen und der Befehl „Absitzen" folgt sofort darauf. Der Luftraum-Späher und ein junger Fähnrich stehen mitten auf der Lichtung, die sich links der Fahrzeuge befindet. Der Luftraum-Späher zeigt dem Fähnrich die Richtung, wo er wohl etwas wahrgenommen hat. Alle Soldaten laufen mit ihren Karabinern wild verstreut zu den beiden auf der Freifläche stehenden Soldaten. Jeder hält seinen Karabiner in die Richtung, die der Luftraum-Späher angezeigt hat und wartet auf den Befehl des Fähnrichs. Dass ein Fähnrich dieses Gefecht anführt, ist anscheinend Zufall, aber er macht seine Sache wohl gut. Nach kurzem Warten sieht und hört man eine Spitfire wie

aus dem Nichts anfliegen. Der Fähnrich wartet kurz und gibt den Befehl „Feuer!".
　Jeder Soldat gibt jetzt einen Schuss ab. Und die Spitfire eröffnet das Feuer auf den Tross. Doch dreht sie sofort ab, um in Sicherheit zu kommen.
　Der Fähnrich gibt sofort nach der Schussabgabe den nächsten Befehl: „Stopfen!" Sofort rennen alle Mann wieder in die Deckung und repetieren ihre Karabiner nach … Man muss dabei sagen, dass die Spitfire eine Bordmaschinenkanone mit 20mm-Geschossen hat. Aber wenn 50 Kugeln, Kaliber 8x57IS, gleichzeitig in der Luft sind, wird es für einen Piloten auch sehr gefährlich … Und so verzichtet er auf einen weiteren Angriff.
　Alle begutachten ihre Ausrüstung und besonders die Fahrzeuge um eventuelle Einschüsse der Salve, die von der Spitfire abgegeben wurden. Doch ist es wohl nochmal gutgegangen. Da hört man den Spieß an seinem Opel Blitz stehend aufschreien. Es ist so ein Verzweiflungsschrei ….
　Die Jungs, die normalerweise auf der Ladefläche Platz nehmen, rennen wie von der Tarantel gestochen davon und sammeln sich lachend auf der Freifläche beim Fähnrich.
　Jeder fragt, was wohl passiert sei. Der Spieß tobt derweil weiter an seinem LKW. Die Jungs erklären, dass der Opel Blitz getroffen wurde. Er ist zwar noch fahrtüchtig, doch hat die Spitfire unter dem Sitz des Spießes eine Zigarrenkiste zerschossen. Der Fähnrich lacht mit den Jungs und schlendert zum Spieß rüber, um ihn zu beruhigen …
　Kaum angekommen will er den Spieß freundschaftlich in den Arm nehmen, da bekommt er vom alten Spieß eine Rechte gerade mitten ins Auge und fällt um wie ein Zinnsoldat!

Nach diesem Zwischenhalt geht es weiter. Sie kommen an einem Rollfeld an. Doch zum Durchatmen bleibt keine Zeit. Die Einheit wird von anderen Truppen verstärkt und im gleichen Moment werden andere Soldaten abgezogen, um wiederum weitere Einheiten zu verstärken. Das Problem ist, dass die Alliierten stetig mehr werden und die Wehrmacht immer weniger. Dieser Übermacht von Fahrzeugen und Mannschaften der Alliierten ist die Wehrmacht nicht gewachsen. Sie haben nicht genug Munition, um alle Feinde erschießen zu können. Viel mehr noch, die Wehrmacht wäre schon gar nicht mehr im Stande, alle gegnerischen Fahrzeuge wegfahren zu können. Das Oberkommando der Wehrmacht versucht jetzt an Brennpunkten kämpfende Truppen zu Verstärken. Doch wo brennt's denn am meisten? Richtig, überall. Und deshalb herrscht personaltechnisches Chaos. Doch da Heinz bei dieser Instandsetzung ist, werden er und die meisten anderen von seiner Einheit von diesem Dispositionswahnsinn verschont.

Der Grund für die Verschonung ist auch schnell erklärt … Die Wehrmacht hat sich durch die Vielzahl der einzelnen Fahrzeuge hausgemachte Probleme angezogen. Hätte man die Fahrzeuge und Panzer von einem Hersteller mit gleichem Motor herstellen lassen, könnte man Ersatzteile viel schneller beschaffen. Man könnte von defekten Fahrzeugen die noch intakten Teile als Ersatzteile für andere Fahrzeuge benutzen.

Doch das ist bei dieser Vielzahl von unterschiedlichen Vehikeln kaum möglich. Fast jedes Teil muss in Handarbeit repariert werden. Das ist ein Grund, eine funktionierende Instandsetzung weitestgehend zusammenzuhalten und aus diesem Personalkarussell zu verschonen… Man weiß allerdings bei den Feinden schon, dass die Deutschen sehr gute Improvisatoren sind. So sagen die Russen zum Beispiel: Gib einem Deutschen ein Repertiergewehr und Werkzeug, dann macht er dir ein Maschinengewehr daraus!

Nun sind sie da auf diesem Flugplatz, der schon recht zerbombt ist. Doch warum auch immer, die Rollbahn ist noch weitestgehend intakt. Es stehen zwar keine Flugzeuge mehr da, aber die ein oder andere Halle kann noch genutzt werden, um Fahrzeuge und Geschütze, die an der ca. 10km entfernten Front gebraucht werden, fertigzumachen oder zu reparieren. Die Alliierten waren vor kurzem noch auf diesem Rollfeld, doch konnten sie von der Wehrmacht zurückgedrängt werden.

Die Verpflegung in der Einheit ist gut und sie bekommen auch neue Waffen. Heinz gibt seinen Karabiner K98 ab und erhält ein Sturmgewehr 44.

Da das Rollfeld noch in Takt ist, kommt es zu einem Zwischenfall ... Eine Messerschmidt ME 262 (Düsenflugzeug) setzt zur Landung an. Sie hat das Fahrwerk schon ausgefahren, da setzt sich eine kleine Spitfire hinter die ME 262 und versucht sie abzuschießen. Da laufen alle Mann aufs Rollfeld und versuchen mit Händen und Geschrei, dem Piloten zu signalisieren, in welcher Gefahr er sich gerade befindet ... Der Pilot der ME schaut zurück, fährt sein Fahrwerk ein und beschleunigt.

Heinz und die anderen sind fast geschockt, wie schnell dieses Düsenjagdflugzeug ist. Die ME 262 fliegt ein ganz enges Looping und setzt sich hinter die Spitfire ... Die Spitfire und auch die ME 109 sind sehr schnelle Jäger, doch diese ME 262 ist mindestens drei- oder viermal schneller als alle anderen. Nach einem kurzen Katze- und Maus-Spiel, wird die Spitfire von der ME abgeschossen ...

Kapitel 14: Fronturlaub

Es ist weitaus ruhiger, als da, wo er vorher gewesen ist. Er kann jetzt mit den anderen feiern gehen, oder ins Kino nach Arnheim. Auch die meisten Unteroffiziere sind, bis auf einige Ausnahmen, recht erträglich. Der Spieß, wusste, von welcher Einheit er nach Arnheim geschickt wurde. Er kommt eines Freitag mittags in die Stube. „Ohne Meldung" ... Er eröffnet sofort das Gespräch. „Ihr macht eure Bude besenrein. Das reicht! Und ich tippe auch nicht mit dem Finger an die Lampe, um zu sehen, ob Staub drauf ist."

Er ist ein richtig feiner Mann. Viel mehr noch ... da Heinz der Kleinste und Jüngste ist, darf er zum Geburtstag seiner Mutter Fronturlaub nach Waldmühle nehmen. Dazu kommt noch, dass man ihm vorher mal Unrecht getan hat und er deshalb beinahe mit dem Leben bezahlt hätte. Deshalb ist diese Endscheidung mehr als richtig.

So macht er sich von Aachen aus mit dem Zug auf den Weg nach Köln. Im Hauptbahnhof angekommen, nimmt er den nächsten Zug nach Bergisch Gladbach. Doch der endet direkt hinter der Hohenzollernbrücke, in Deutz. „Endstation! Alles Aussteigen!", hallt über die Gleise ... Er und die anderen steigen aus. Er sucht sich einen Schaffner und fragt, warum hier Endstation sei. Der Schaffner, ganz aufgeregt: „Die Engländer haben diese Nacht Mühlheim in Schutt und Asche gelegt. Da ist kein Stein mehr auf dem anderen ... Und die Bahnschienen sind auch hin!"

Heinz zündet sich eine Zigarette an und überlegt, wie er nach Bergisch Gladbach kommt ... Nach kurzer Zeit bemerkt er, dass wieder die Sirenen heulen. Die Keller und Bunker sind alle proppevoll. Da haben er und ca. 30 andere Leute die gleiche Idee: ab unter die Hohenzollern–Brücke

…! So rennt der Tross los. Während sie noch auf dem Weg dorthin sind, fallen die ersten Phosphorbomben auf die Innenstadt, auf der anderen Rheinseite. Ganz nahe um den Dom herum. Es ist furchtbar. Sie können nur abwarten … Hoffentlich können sich alle in Sicherheit bringen!, denkt und sagt jeder. Ein paar rufen in die Runde: „Wenn der Angriff vorüber ist, müssen wir helfen!"

Und nach 20 Minuten sind die Amerikanischen Bomberverbände durch! Kurzes Aufatmen und los! Alle laufen geschlossen über die Brücke, um in die Innenstadt zu kommen. Je mehr sie sich nähern, umso unerträglicher werden die Hitze und das Elend! Da kommen am Ende der Brücke zwei Mann auf sie zu gelaufen. Der eine hat Phosphor an der Schulter, der andere ist völlig verbrannt. Er hat keine Haare mehr und die Kleidung ist vollständig in Flammen. Der erste läuft soweit auf die Brücke, bis er den Rhein unter sich erkennt und springt mit einem Satz in die Tiefe. Er fällt halb auf die Kaimauer, dort bleiben Fetzen von ihm liegen. Der Rest fällt weiter in den Rhein. Ca. 20 bis 30 cm unter der Wasseroberfläche sehen die Leute, dass die Jacke sogar unter Wasser weiterbrennt. Der andere von den beiden schafft es noch bis auf die Brücke. Er bricht zusammen und rührt sich nicht mehr.

Heinz denkt nicht mehr weiter nach … Sie laufen alle weiter. Doch jetzt muss man unheimlich aufpassen. Da sich fast alles in Vollbrand befindet, benötigt das Feuer Sauerstoff! Es entsteht ein gewisser Sog. Das Feuer bildet eine Art Vakuum. Es zieht Sauerstoff von der Seite und alles, was leicht ist, kann mit hereingezogen werden. Die Flammen gehen steil nach oben. Das, was dort passiert, ähnelt einem gigantischen Feuersturm.

Die Feuerwehr, darunter auch eine Drehleiter, trifft ein. Die Arbeit wird ausschließlich von der Hitlerjugend erledigt. Die eigentlichen Feuerwehrleute sind am Ende. Sie stehen neben den Fahrzeugen und weinen wie kleine Kinder. Sie haben den Kanal voll! Sie haben so viel Elend gesehen, dass es für mindestens zwei Leben reicht.

Die meisten von ihnen haben den Ersten Weltkrieg als Soldaten mitgemacht. In Frankreich haben sie die Hölle durchmachen müssen. Sehr viele sind den Gasangriffen reihenweise zum Opfer gefallen, sie lagen einfach tot in ihren Schützengräben ... Die anderen sind der Spanischen Grippe erlegen, die zu dieser Zeit und besonders im letzten Kriegsjahr als Pandemie in Europa wütete. Nach ihrer Zeit beim Militär haben sie sich dem „Retten" gewidmet. Und jetzt haben sie wieder diese Hölle vor sich! Nahezu die komplette Bevölkerung weiß von ihrem Schicksal. Sie haben einen ungeheuren Respekt vor den Männern, obwohl sie ja nichts tun ...

Während Heinz und die anderen versuchen, Menschen aus dem Schutt zu ziehen und Leuten aus dem Feuer zu helfen, sehen sie drei Häuser oder ‚eher gesagt, drei brennende Ruinen weiter, wie ein Soldat einem alten Mann helfen will, aus einem Kellerfenster zu kommen. Er nimmt seine Hände und zieht ihn aus dem kleinen Fenster. Was er und der alte Mann übersehen haben ist, dass das Gitter des Fensters von außen nach innen eingedrückt und zerstört ist. So zieht der Soldat die scharfen Gitterstäbe in den Oberkörper des alten Mannes. Als der Mann bemerkt, dass er gerade aufgespießt wird, schüttelt er wimmernd mit dem Kopf. Der Soldat lässt sofort los. Erschrocken tritt er einen Schritt zurück. Da sehen sie alle das Ausmaß der Verletzung. Der alte Mann versucht vor Schmerz zu schreien. Er hängt dort aufgespießt und jeder, auch er selber, weiß, dass sein Tod besiegelt ist! Seine Augen füllen sich mit Tränen und man sieht den Schmerz und die Angst in seinem Gesicht. Der Soldat läuft in die Richtung von Heinz und nimmt sich einen schweren Balken, der an einer Seite schon brennt. Er läuft zurück zu dem alten aufgespießten Mann und ohne zu zögern holt er so weit aus, wie er kann. Er schlägt ihm den Balken ungebremst ins Genick. Dann lässt er den Balken los und setzt sich geschafft auf die Straße neben dem erschlagenen Mann. Er hat ihn nicht retten können, aber wenigstens konnte er sein Leiden beenden … Der Soldat steht auf und nimmt sich der anderen an, er drängelt sich förmlich überall nach vorne. Er weiß wohl, dass er gerade das einzig Richtige gemacht hat … doch man sieht die Last auf seinen Schultern sitzen. Er arbeitet verzweifelt daran, jemanden zu retten. Wenigstens nur einen einzigen …

Jeder versucht, so gut wie es nur geht, zu helfen. Aber es wird immer schwieriger. Die Hitze, der Rauch und der Gestank des Qualms und besonders des weißen Phosphors, der im entferntesten Sinne nach Knoblauch zu riechen scheint, setzt allen zu. Nach ca. vier Stunden legt sich das Feuer langsam. Sie sind alle fix und fertig, zittern vor Erschöpfung! Da dreht sich einer um und lacht, zeigt auf einen riesigen Schutthaufen, was wohl bis vor ein paar Stunden noch ein Hotel war. Da steht ein Schild, mitten in den Trümmern, wo groß drauf geschrieben steht: „Für Rosenmontagszug noch Fensterplätze frei!"

Alle schauen sich an und lachen. Man kann alles brechen. Aber den Kölschen Frohsinn … der ist nicht zu knacken!

So setzt er seine Reise nach Waldmühle fort. Als er endlich in Kürten-Waldmühle angekommen ist und seiner

Mutter zum Geburtstag gratuliert, bricht sie in Tränen aus. Man hört nur noch von Gefallenen und Verwundeten sowie von Gefangennahme und Vermissten ... Auch von Herwegs kommt, dass die beiden Brüder, die sich vier Jahre nicht mehr sahen, am gleichen Tag eingezogen wurden ... Der eine, der als Frontsanitäter eingesetzt ist, wird an der Ostfront, die sich mittlerweile im eigenen Land befindet, eingesetzt. Er löst mit noch drei anderen Sanis wieder eintreffende Sanitätssoldaten ab und kriecht die Frontstellungen ab, um Verwundete zu versorgen oder sie in die Verwundetennester zu schleppen. Er rüttelt an jedem, der da bewegungslos liegt, um zu sehen, ob er noch lebt. Einer nach dem anderen. Auf einmal rüttelt er an einem Soldaten und fragt: „Kamerad, hallo, alles gut? Kannst du mich hören?"

Der Soldat liegt mit dem Gesicht im Dreck. Er kann eine Verletzung an der Schulter feststellen. Als er ihn umdreht, sieht er in das Gesicht seines Bruders! „Helmut! Ich bin's! Dein Bruder!"

Da macht Helmut die Augen auf, sieht ihn und ist erleichtert. Er sagt: „Lauf und grüß die anderen! Hau ab aus der Hölle! Los! Lass mich hier. Ich bin bereit, hier zu bleiben."

Arno sieht ihn an und sagt: „Ich lasse niemanden alleine! Und bei dir fange ich bestimmt nicht an." Er nimmt ihn auf sein Bein, hängt ihm die Erste-Hilfe-Tasche mit dem Roten Kreuz um den Hals und schleppt ihn, unter dem Kugelhagel, ins Verwundetennest.

Dort angekommen, sind sie wieder ganz alleine. Er wuchtet ihn auf den Rücken und läuft mit ihm auf den Hauptverbandsplatz, wo er sofort versorgt wird ...

Sie beide werden den Krieg überleben!

Nach der Geburtstagsfeier macht Heinz sich wieder auf den Weg zu seiner Einheit, bei Arnheim ... Er kommt selbstverständlich wieder zu spät in der Kompanie an, diesmal ist es aber kein Problem. In der Instandsetzung, wo er gerade seinen Dienst absolviert, ist es weitaus ruhiger als noch im Osten. Sie gehen oft ins Kino und ab und zu freundet sich der eine oder andere sogar mit der holländischen Bevölkerung an. Eines Abends wollen sie alle das Kino besuchen. Sie sind kaum im Saal angekommen, da geht das Licht an und über Lautsprecher wird durchgesagt, dass alle Truppenteile sich in ihre Einheit zu begeben haben und, die die hier im Urlaub sind, sich sofort bei der nächsten Einheit zu melden haben. Das Ganze sofort!

In seinem Bataillon wird sich sofort im U aufgestellt und der Bataillonskommandeur hält eine kurze Ansprache. Er hat die Meldung, dass man von wenigen amerikanischen und englischen Fallschirmjägern, die man festnehmen konnte, in Erfahrung brachte, dass eine Invasion im Gange sei. An der Küste hat man Lastensegler am Himmel ausmachen können. Alle Truppenteile sind in Alarmbereitschaft. Nach dem Antreten geht jeder auf seine Station, um weitere Befehle zu erhalten. Heinz soll eine 20-mm-Maschinenkanone fertig machen. Nachdem er damit durch ist, wird das Geschütz vor der Halle in Stellung gebracht. Am fast dunkeln Abendhimmel kann man diese Lastensegler erkennen. Da sie keine Motoren haben, sind sie lautlos. Und sofort fangen alle Kanonen aus sämtlichen Richtungen an zu schießen. Der Abendhimmel fängt an, sich rot zu färben. Überall sieht man brennende Flugzeuge am Himmel. Sie fallen wie Steine aus der Luft. Er sieht, wie „sein" Geschütz einen Lastensegler in Brand schießt. Es scheint, als würde dieser genau auf seine Halle stürzen ... Doch zerschellt er tatsächlich ca. 50 m von ihnen entfernt. Das Flugzeug war in Vollbrand. Die Männer darin waren in dieser Konservenbüchse eingepfercht. Man konnte während des Absturzes ihre Schreie hören ...

Heinz sieht das Geschütz und denkt: Was für ein Wahnsinn! Die Jungs haben alle eine Mama. Während sie für ihren Jungen betet, verbrennt er bei lebendigem Leib. Und mir hat er bis jetzt nichts getan ...!

Wann hört diese Hölle endlich auf?

Kapitel 15: Sepp, der Fallschirmjäger

Ich hatte mir mit ca. sieben Jahren zu Weihnachten einen Modellbausatz gewünscht. Ich bastelte zu dieser Zeit Flugzeuge aus Kunststoff zusammen. Ich wünschte mir einen Bausatz der Junkers JU 52! Bekommen habe ich den Satz zu Weihnachten von Opas Bruder Sepp. Ich freute mich wie verrückt. Als ich ihn zusammengebaut habe, spielte ich natürlich auch damit. Alle freuten sich darüber, dass ich so einen Spaß dabei hatte. Nur Onkel Sepp schien hin und her gerissen. Ich wusste damals nicht, was mit ihm los war. Und als ich selber ca. 15 Jahre später Soldat war, kam ich in meiner Uniform am Wochenende nach Hause. Da saß Opa mit seinem Bruder Sepp am Küchentisch. Sepp senkte den Kopf und wollte mit mir nichts zu tun haben. Er stand auf und wollte gehen. Ich hielt ihn auf. Ich begrüßte ihn und fragte, warum er so niedergeschlagen sei. Dann setzte er sich und fing an …

Sepp wird zur fast gleichen Zeit, als Fallschirmjäger mit seiner Einheit in den Kampf geschickt. Sie besteigen die JU52 und setzen sich mit vielen anderen Flugzeugen Richtung Arnheim in Bewegung. Doch irgendwas läuft schief. Ob der Pilot einen Fehler macht oder ob sie ein technisches Problem haben, wird er nie erfahren. Doch noch auf dem Flug zum Absetzpunkt bekommen sie den Befehl zu springen! Jetzt geht alles blitzschnell!

Einer nach dem anderen springt in Sekunden aus der JU. Sie haben vielleicht drei bis fünf Sekunden mit offenem Fallschirm. Da hört er deutlich MG Feuer …

Unten angekommen, landet er wie gewohnt mit einer Jägerrolle. Irgendwas stimmt nicht! Er schnallt den Fallschirm ab und legt sich flach in die Wiese. Dann sieht er sich um und es grault ihm. Alle seine Freunde liegen tot auf dieser riesigen Wiese, hängen mit ihren Fallschirmen leblos in Bäumen fest. Ihm wird klar, dass er der einzige sein muss. Alle anderen, seine besten Freunde, alle gefallen …! Was jetzt? Ein Angriff wäre töricht. Wenn sie ihn erschießen, wäre es ihm jetzt auch egal. Disziplin, Ehrgeiz und gehorsam wird jetzt zur Trauer! Er weiß, für ihn ist es hier vorbei. Also denkt er sich, wenn man ihn erschießen wollte, hätte man es schon getan. So steht er auf, richtet sich seine Uniform, nimmt sein Gewehr und kniet sich auf ein Bein. Er stellt die Waffe auf der Schulterstütze ab und entlädt sie, sodass man es von weitem sehen kann. Er steht wieder auf, lässt das Gewehr nach vorne fallen und hält die letzte Patrone hoch über seinen Kopf, um dem Feind zu zeigen, dass er unbewaffnet ist, aber die letzte Patrone für sich selber in Anspruch nehmen möchte …

Er sieht, wie weit von ihm entfernt ein amerikanischer Soldat aus seiner Deckung kommt. Er sieht Sepp und Sepp sieht ihn. Der Amerikaner salutiert ihm. Sepp salutiert zurück.

Dieser militärische Gruß kommt aus der Ritterzeit … Wenn sich zwei Ritter auf offenem Feld begegneten, hob einer das Visier hoch, um dem anderen sein Gesicht zu zeigen. Diese Geste wurde von seinem Gegenüber erwidert. Das war ein Zeichen des Friedens zwischen den beiden Rittern. Das Salutieren soll das Anheben des Visiers, eines Ritterhelmes nachahmen … Diesem Brauch folgen Soldaten aller Nationen bis heute.

An diesen grauenvollen Ort, dem Feld der Ehre, bedienen sich jetzt beide Soldaten dieser Geste und zeigen, dass sie keinerlei Kampfhandlungen in Betracht ziehen. Der Amerikaner kommt zu ihm rüber und holt ihn ab, mit den Worten: „Come with me, my friend."

Sepp und seine Fallschirm-Kameraden

Und wiederum zeitgleich wird der Krieg realer Bestandteil von Kürten. Im Oberdorf, der Gemeinde, steht die Kirche. Im Kirchturm hat die Wehrmacht eine Funkstation eingerichtet. Man prüft unter anderem, ob es Sinn macht, eine V-Rakete aus den Wäldern von Kürten starten zu lassen. Und hauptsächlich ist die Funkstation dazu da, die Spitze-Flak und die dazugehörigen Flak-Strahler zu koordinieren ... Die Station wird von einigen Soldaten geführt und unter anderem sind dort auch „Blitzmädchen" eingesetzt. Blitzmädchen sind Soldatinnen der Wehrmacht, die für die Nachrichtentruppe zur Unterstützung arbeiten. Sie haben auf der Uniform und an der Krawatte einen Blitz als Brosche angebracht. Es soll das Zeichen für die Funkstaffel sein. Sie bemerken als erste, dass auffällig viele Aufklärungsflugzeuge in der Nähe zu sehen sind. Sie sagen es auch den Soldaten, dass, wenn so viele Aufklärer hier sind, der Angriff nicht weit sein kann! Doch von den Soldaten wird alles ignoriert. Man weiß ja alles besser ... So kommt es, dass die Kirche noch am gleichen Tag zerschossen wird. Bomben fliegen auf Kirchturm und Kirche. Alle Soldaten und ein kleiner fünfjähriger Nachbarsjunge finden den Tod.

Nicht lange nach dem am 8. Mai 1945 also nach der Bedingungslosen Kapitulation steht die „Spitze-Flak" immer noch in Dürscheid Spitze.
 Wahrscheinlich ist das Kriegsende noch nicht zu der Mannschaft durchgedrungen, da der Funkstand, der sich im Kirchturm von Kürten befand, Tage zuvor zerstört wurde und sie so von der Außenwelt abgeschnitten wurden. Und warum sie überhaupt noch Munition besitzen, weiß niemand, Doch Tage später beschießen sie einen amerikani-

schen Bomber, der noch am Himmel explodiert. Die Bordcrew kann sich noch mittels Fallschirm retten… folgendes beruht wohl auf einer Vielzahl unglücklicher Umstände. Ein amerikanischer Tross begibt sich Richtung Kürten. Ca. 10 km von Spitze entfernt berichtet ein deutscher Aufklärungstrupp von dieser Truppenbewegung und dass die Amerikaner weit überlegen sind. Die komplette Mannschaft der Flak ist sich sicher, chancenlos zu sein und deshalb den Amerikanern nur noch das Geschütz übergeben können. Auch in Dürscheid selber erfährt man davon und lässt aus dem Kirchturm ein weißes Bettlaken wehen. Es soll heißen, dass keinerlei Kampfhandlungen beabsichtigt sind. Doch die Rechnung wurde ohne den Wirt gemacht …! Denn in einer Kneipe, ca 100m von der Spitze Flak entfernt, sitzt ein SS-Offizier, der sich schon den ganzen Morgen mit allem, was alkoholisch ist, betrinkt. Er kommt wutentbrannt aus der Kneipe gestürmt und schreit aus vollem Hals: „Was für eine Sauerei!" Er torkelt zum Geschütz und befiehlt den Soldaten, wegen Feigheit vor dem Feind, sollen sie sofort das Laken an der Kirche abschießen! Doch die Soldaten weigern sich. Der SS-Offizier steht stark schwankend vorm Geschütz. Er weiß, dass er es selber nicht mehr laden kann und die Soldaten sowie die Flak-Helfer ihm auch nicht helfen würden … Doch da bemerkt er, dass zu allem Übel die Waffe geladen ist …! Er freut sich und setzt sich auf das Geschütz! Er dreht es und gibt einen Schuss auf die Kirche ab! Doch da er ja völlig betrunken ist, schießt er daneben. Stattdessen trifft er in ein Haus, was zwischen Biesfeld und Miebach steht. Dort werden zwei Menschen getroffen. Eine Mutter wird schwer verletzt und deren Tochter ist mit 18 Jahre auf der Stelle tot. Die Soldaten weigern sich, das Geschütz nachzuladen.

Der SS-Mann kann sich einfach nicht beruhigen. Über diese Streitereien bemerkt eigentlich niemand, dass die Amis schon in Spitze angekommen sind. Ganz ruhig gehen sie auf die Soldaten am Geschütz zu. Ein Captain (Hauptmann) der Amis erklärt ihnen, dass sie chancenlos sind und fragt, ob es OK sei, wenn sie sich ergeben würden …? Die ganze Mannschaft willigt uneingeschränkt ein. Mittendrin steht dieser SS-Mann. Er wird von den amerikanischen Soldaten belächelt. Die deutschen Soldaten verdrehen die Augen, wenn sie ihn sehen. Doch aus dem Nichts zieht der SS-Offizier seine Luger 08 aus der Pistolentasche und schießt den Captain nieder! Alle sind geschockt und gehen einen Schritt zurück. Die Amerikaner erschießen den SS-Mann auf der Stelle! Doch jetzt werden sie sauer! So richtig sauer. Sie haben eine Wut auf alle Deutschen! Sie haben die entwaffneten Deutschen vor sich stehen. Keiner kann von ihnen Deutsch und kein Deutscher kann Englisch. Da fangen die Amis an, alle Zivilisten aus ihren Häusern zu treiben. Sie ziehen Frauen an den Haaren auf die Straße und Kinder an den Ohren. Alte gebrechliche werden rausgetreten. Und sie fangen an, sie zu sortieren. Und man kann unschwer erkennen, worum es geht. Mehrere Soldaten stellen sich in Reihe vor die Bevölkerung. Sie sollen erschossen werden! Das sehen ein paar Kinder, die aus Dürscheid gekommen sind, um neugierig zu sehen, was dort vor sich geht. Sie rennen zurück ins Dorf nach Dürscheid. Dort ist ein Franzose. Er wird von einigen wohl vor den Nazis versteckt. Sie wissen, dass er mehrere Sprachen spricht … Ihn fragen sie, ob er sich mit den Amis unterhalten könnte. Er sagt: „Oui oui bien sur … Natürlich kann ich englisch. Wo sind die Amerikaner?"

Die Kinder laufen mit ihm den ca. einen km langen Weg bis Spitze. Und dort stehen sie schon, oder eher gesagt, immer noch. Es sind nur jetzt wesentlich mehr als eben noch, bevor sie los gelaufen sind ... Der Franzose schreit los. Auf Englisch! Alle Soldaten drehen sich zu ihm. Wild mit Armen und Beinen gestikulierend schreit er die Soldaten an. Wie gesagt, auf Englisch! Niemand versteht, was gesagt oder eher, was geschrienen wird. Die amerikanischen Soldaten fangen an, zurückzuschreien, und es wird eine verbale Keilerei. Man kann nur sehen, dass er so langsam mit den Soldaten anfängt zu verhandeln. Er steht zwischen den Soldaten, die auf die aufgereihte Bevölkerung schießen wollen, und den Menschen selber. Immer wieder dreht er sich zu den Leuten und übersetzt manche Sachen, die gerade Gegenstand der Verhandlung sind. Es heißt, dass der Tod des Captains gerächt werden soll! Sie wollen ganz Spitze für den Tod dieses Mannes verantwortlich machen. Sie sollen alle hingerichtet werden! Mit Mann und Maus!

Doch der Franzose redet auf sie ein, bis sie Gnade vor Recht ergehen lassen. Doch einer muss dran glauben! Sie wollen unbedingt jemanden dafür umbringen! Die Bevölkerung wird jetzt gezwungen, in ihre Häuser zurückzugehen! Die Amerikaner wenden sich der Flak-Mannschaft, die ihre Waffen schon lange abgegeben haben zu. Sie stehen dort, Soldaten der Wehrmacht, und auch Flak-Helfer, die knapp über zehn Jahre alt sind. Sie Zwingen sie, in Richtung Bergisch Gladbach runter zu marschieren. Ca. 200 m am Waldrand am „Dicker Weg" sollen sie sich hinknien. Sie werden alle von hinten mit einem Schuss ins Genick ermordet. Danach laden sie die Toten auf eine Karre und bringen sie auf den Friedhof nach Dürscheid. Das Beerdigen der toten Soldaten kann man ohne weiteres als Leichenschändung ansehen! Sie haben sie ca. 20 bis 30 cm unter der Oberfläche abgelegt und mit der Schüppe drauf geschlagen. Ihre Beine ragen noch aus den Gräbern und so lassen sie die Toten zurück! Es sind 22 unbewaffnete Menschen, die schon lange vor ihrem Tod aufgegeben haben! Nachdem die Amis weitergezogen sind, versammelt sich Dürscheid auf dem Friedhof. Sie graben die Toten wieder aus und beerdigen sie richtig. So, wie es Tote verdient haben. Sie wollten bestimmt den Krieg nicht, müssen aber trotzdem dafür bezahlen ...

Kapitel 16: Die Gefangenschaft

Die Einheit von Heinz wird immer weiter ins Landesinnere verlegt, weil die Alliierten immer weiter vormarschieren … Als er mit einer 16-t-Zugmaschine unterwegs ist, hört er über Funk, dass Adolf Hitler im Kampf um Berlin gefallen sein soll. Heinz, der von Kind an eigentlich nichts anderes als Hitler, die Lichtgestalt, kannte … als den Führer, als den, der in Windeseile Deutschland aufbaute, hat nur noch einen Gedanken: Jetzt ist alles aus! Ohne Hitler hört das Leben auf!
Es dauert wenige Tage, da gibt Großadmiral Dönitz die bedingungslose Kapitulation bekannt. Heinz fragt seinen Spieß, was das heißt. Dieser erklärt ihm, dass Deutschland zerschlagen ist. Es ist die einzige Möglichkeit, die Zivilbevölkerung vom Tod zu verschonen … Bedingungslos heißt, dass man jetzt mit allen Deutschen machen kann, was man will! Nichts bleibt so, wie es war. Die Industrie ist bei null! Heinz sieht auf sein Sturmgewehr 44 und hat nur einen einzigen Schuss. Er dreht sich rum und verlässt das Dienstzimmer des Spießes. Er setzt sich auf eine Zugmaschine und fährt mit den anderen in Gefangenschaft. Sie geben das Fahrzeug bei einer amerikanischen Einheit ab und gehen zusammen in einem riesigen Tross Richtung Remagen.
  Kurz nachdem sie sich dieser Gefangenenkolonne angeschlossen haben und für alle eigentlich klar ist, dass dies hier jetzt das Ende darstellt, bricht ein junger Unteroffizier aus dem Tross aus und läuft schnurgerade auf ein verlassenes Sturmgeschütz zu. Der Panzer muss noch aufmunitioniert sein, da er noch das Turm-MG aufgepflanzt hat. Der ca. 18 Jährige Unteroffizier springt von

hinten mit einem Satz auf den Panzer. Er will wohl einen letzten Angriff mit dem Geschütz auf die Alliierten starten … Währenddessen denkt sich jeder andere der Gefangenen: Oh nein, was macht dieser Idiot denn da? Die Lucke des Geschützes steht offen und er versucht hinein zu klettern. Doch die amerikanischen Soldaten reagieren sofort. Es lösen sich von irgendeiner Richtung mehrere Schüsse und treffen den Unteroffizier. Es reißt ihm den Arm ab! Er liegt auf dem Geschütz und Blut strömt aus der Schulter, wo gerade eben noch sein Arm war. Vor Schmerzen kann er sich nicht mehr bewegen und schreit nach Hilfe. Die Schmerzen sind so groß, dass sich weinen und schreien vermischen. Ein deutsches Sanitätsfahrzeug setzt sich sofort zu ihm in Bewegung. Doch kaum angefahren werden die Sanitäter von den amerikanischen Soldaten ebenfalls beschossen. Sie wollen den Jungen verbluten lassen. Derweil schreit der junge Soldat auf dem Panzer liegend weiter. Seine Hilfeschreie tauscht er jetzt mit dem Ruf nach seiner Mama aus … Die Amerikaner lassen ihn jetzt extra verbluten, zur Abschreckung für alle anderen, die so etwas auch versuchen.

Ich fragte meinen Opa, was er zu dieser Zeit gedacht hat, wo er diese Szenen gesehen hat.
Er antwortete: „Ich habe nichts gedacht! Rein gar nichts!"

Sie sind noch nicht lange unterwegs, der Krieg ist aus und trotzdem hört er einen, der immer noch rumbrüllt. Er schaut sich um und sieht den Unteroffizier, der neben ihm stand, als er erschossen werden sollte. Er schreit die Leute an, „nehmen Sie endlich Haltung an", zerrt an den gefangenen Soldaten rum und versucht sie zu sortieren. Dabei ist er selber einer der Gefangenen. Doch das geht einem altgedienten Obergefreiten zu weit. Er ist ein Hüne, der im Kampf ein Auge verloren hat. Er nimmt sich den Unteroffizier am Rücken und drückt ihn mit dem Gesicht in ein Rinnsal. Der Unteroffizier ist dem Hünen in keiner Weise gewachsen! Er versucht mit Armen und Beinen sich zu wehren, doch der Obergefreite ist einfach zu stark. Er sagt mit hasserfüllter Stimme: „Du hast uns lange genug tyrannisiert! Jetzt bezahlst du!" Er wartet, bis sich der Unteroffizier nicht mehr bewegt. Tot lässt er ihn im Graben zurück und geht seinen normalen weg mit den anderen weiter, ins Rheinwiesen-Lager.

Ich fragte meinen Opa, ob nicht irgendjemand sich dazwischen stellen konnte, um den Tod des „Uffz" zu verhindern. Denn Gleiches mit Gleichem zu vergelten ist auch nicht richtig …?
So erklärte er mir, dass es nicht die Angst war, die ihn und die anderen davon abgehalten hat, den „Uffz" vor dem weit überlegenen „OG" zu retten. Es war der Respekt vor dem Hünen. Er hatte im Kampf ein Auge verloren. Man könnte sagen: einer von vielen. Doch man sollte die Verwundeten mal in ihrem Licht sehen.
Da ist ein heranwachsender Mensch, der alles andere machen will, als jemand anderen zu töten … Doch da er Soldat ist und in den Krieg gezogen wird, ist es seine Aufgabe, sein Land vor Feinden zu verteidigen! Er kann sich, wie gesagt, nur auf offizielle Stellen verlassen. Jetzt wird er verwundet und kommt in ein Lazarett. Man stellt fest, dass beispielsweise sein Arm so getroffen wurde, dass der Arm ihm abgenommen werden muss, um das Leben des Jungen wenigstens retten zu können.

Unter Höllenschmerzen wird ihm mittels einer Knochensäge der Arm abgesägt und der stolze Soldat wird zum Krüppel. Wenn so etwas durch einen Unfall passiert, bekommt er Mitleid von der ganzen Bevölkerung.

Soldaten ließen diese Höllenschmerzen über sich ergehen mit dem Gedanken, dass es einer Art Opfer für eine gute Sache ist. Das ist ihr persönliches Opfer für ihr Vaterland. Ein Opfer dafür, dass ihre Kinder nach dem Krieg in Frieden leben können.

Mit einem Satz: Der Führer wird's schon richten!

Und dann kommt so was …!

Der Führer stirbt, die Wehrmacht wird vom Feind besiegt, die neue Führung kapituliert bedingungslos und dann kommt so langsam heraus, dass die Politiker, die den Soldaten in den Krieg geschickt haben, Verbrecher waren und sich aus jeglicher Verantwortung stehlen wollen.

Er sieht, wie die Sieger lachend umhertanzen und die komplette Welt befindet sich im Freudentaumel …!

Nur er nicht. Er kann sich nicht freuen … Er gehört zu den Schwerverletzten und zu den Verlieren. Dieses Gefühl haben natürlich die Soldaten aus anderen Ländern genauso. Doch gab es für sie immer noch Hoffnung, dass die ganze Sache ein gutes Ende nimmt. Doch durch die Kapitulation und den Zustand des Landes ist jegliche Hoffnung verschwunden.

Viel mehr noch, er muss neben seiner Verletzung noch davon ausgehen, dass man ihn noch zur Rechenschaft zieht. Dass er sich trotz Verwundung noch bei der ganzen Welt entschuldigen muss.

Das ist der Grund, warum mein Opa vor allen Kriegsversehrten unheimlich großen Respekt hatte.

Aber jetzt geht es weiter.

Doch ist das Lager selber noch einige Kilometer entfernt ... So werden einige auf LKWs verfrachtet und dann mit den Fahrzeugen ins Lager gefahren. Der LKW, auf dem sich Heinz befindet, ist so überfüllt, dass sich niemand bewegen kann. Man macht es wohl deshalb, damit auch niemand abspringen kann. Dazu kommt, dass die Fahrer angehalten sind, mit einer unheimlichen Geschwindigkeit zu fahren. Zufällig fährt Ihre LKW-Kolonne an dem Punkt vorbei, wo der Unteroffizier seinen Angriff starten wollte. Heinz und die anderen schauen rüber und sehen den Unteroffizier immer noch verlassen darauf liegen. Der mittlerweile tote Soldat liegt in einer Lache von geronnenem Blut, da, wo man ihn angeschossen hat ...

Am Lager angekommen, sieht man sehr ängstliche GIs als Wachsoldaten stehen. Da sich die Wehrmacht in ihrer kompletten Stärke auflöst, haben die alliierten Soldaten es mit einer gewaltigen Zahl von Gefangenen zu tun. Heinz wird von seinen Kameraden zu einem GI geschickt, um ihm zu sagen, dass er keine Angst vor ihnen zu haben braucht. Aber wie soll er das machen? Er kann kein Englisch und der GI kann kein Deutsch. Da geht er zu ihm und versucht, mit Händen und guter Mine ihm die Geselligkeit der Gefangenen beizubringen. Aus dem Hintergrund hört man derweil immer irgendwelches Englisch-Halbwissen, was aber zu nichts führt. Den GI muss man jetzt erst mal verstehen. Er steht mit seinem Gewehr und ca 30 Schuss vor 150 Mann! Die Männer haben sechs Jahre Krieg hinter sich! Ihr Land ist nur noch Schutt und Asche! Sie haben die größten Gräueltaten miterleben müssen! Sie haben ihre besten Freunde sterben sehen! Sie haben teilweise keine Familie mehr, die auf sie wartet ...! Was hält jetzt noch einen so abgebrühten Soldaten davon ab, sich mit dem GI anzulegen? Was die Alliierten nicht wissen, ist die Kehrseite der Medaille. Von Anfang an wurde den deutschen Soldaten erzählt, dass es nur den einen Kampf gibt und dann ist es gut! So nahm man das Sudetenland, Österreich kam dann auch dazu. Da fiel ja auch noch kein Schuss. Aber dann ging es los mit Polen. Da musste ja ein „Befreiungskrieg" oder wie man es auch sonst noch nennen mag stattfinden! Und dann ist es, wie gesagt, gut. Dann wäre der Krieg vorbei. Doch da Frankreich und England den Deutschen den Krieg erklärt haben, brauchte man nicht auf eine kriegerische Handlung zu warten. Nein, man musste ja unbedingt wieder mal angreifen! Und es wurde dem Deutschen Landser wieder erzählt, dass es danach gut sei. Frankreich wurde dann im „Handstreich" in nur sechs Wochen überrannt, was dazu führte, dass Stalin ein wenig kalte Füße bekam, Er zog seine Truppen von der polnischen Grenze ab und schickte sie in Richtung der Ölfelder bei Ungarn, Jugoslawien, Rumänien. Damit diese Truppen die Treibstoffzufuhr Deutschlands nicht kappen konnten, überlegte sich das Oberkommando der Wehrmacht einen neuen Schachzug. Der nächste Krieg, den die Wehrmacht bestreiten sollte! Sie sollten Moskau direkt angreifen, damit Stalin alles verfügbare den deutschen Truppen entgegenwirft. Nicht zu vergessen, Afrika! Es mag einerseits für die Soldaten ein riesiges Abenteuer sein, um die ganze Welt reisen zu können … Aber mit welchen Opfern? Für die meisten Landser selber war es, als würden sie sich um Wiesen und Wälder prügeln. Die Kriege an sich kamen den Männern so sinnlos vor. Und in Afrika wurde sich um Sand gekloppt!

Es gibt eigentlich niemanden mehr, der die Schnauze nicht bis zum Anschlag voll hat! Vom Krieg! Vom Militär! Von Uniform! Vom Hitler grüßen! Und jeglicher Art des Kampfes ...! Das wollen sie dem GI beibringen. Er versteht es wohl, aber er ist so angespannt und so aufgeregt, dass er irgendwas auf Englisch erzählt, was Heinz nicht verstehen kann, sich dabei um die eigene Achse dreht und ihm vor Erleichterung Tränen aus den Augen laufen.

Heinz hat Zahnschmerzen. Ein Lagerarzt zieht ihm den Zahn, der so schmerzt. Sechs Wochen ist er im Lager und genau so lange hat er „Lochschmerzen" ... Er darf nach diesen sechs Wochen nach Hause gehen.

Wir hatten einmal einen Gast, er war so alt wie mein Opa, war sehr speziell und doch sehr einfach. Er wusste alles besser und man konnte es ihm einfach nicht recht machen ... Er kritisierte alles! Unter anderem sagte er, dass sofort alle mit dem Rauchen aufhören sollten! Ok, sagten alle! Aber fragten sie ihn: Warum sollten denn alle mit dem Rauchen aufhören ...?

Es war die Zeit, wo überall geraucht werden durfte! Zu dieser Zeit gab es in der S-Bahn ein einziges Nichtraucherabteil. Und die meisten Fahrgäste beschwerten sich, warum es dieses Abteil überhaupt gäbe? Denn das Nichtraucherabteil war meistens leer! Er erzählte mir seine Geschichte und Jahre später deckte sich seine Geschichte mit einer anderen, die ich von einem Kunden auf einer Baustelle erfahren habe. Er erzählte mir folgendes ...

„Weißt du, ich habe meine Gefangenschaft in Russland nur überlebt, weil ich nicht geraucht habe!"

In Russland, in Sibirien gab es damals nicht genug für alle zu essen. Und wenn man meint von Brennnesseltee überleben zu können, dann soll man es ruhig versuchen! Es wird nicht klappen. Der Mensch braucht Kohlenhydrate, Zucker, um Energie zu gewinnen! Wir Menschen sind halt Allesfresser. Und da es nicht genug gab, hat er Zigaretten gegen Essen getauscht. Die, die seine Zigaretten genommen haben, waren nicht mehr lange dabei. Sie starben sehr schnell. Ich fragte ihn, ob er mit jedem seine Zigaretten getauscht hat oder nur mit denen, die er nicht leiden konnte?

Er sah mich an, um zu sehen, ob ich die Frage ernst meinte … Dann fuhr er fort:

„In dieser Situation gibt es keinen Feind und keinen Freund mehr! Wenn du nur noch überleben willst, musst du alle Tugenden alle Ideale über Bord werfen. Wenn du einmal damit aufhörst, bist du dem Tod geweiht."

Er fragte mich, ob ich eine Vorstellung davon haben könnte, wie es ist, mit dem allerbesten Freund ums blanke Überleben zu kämpfen. Da, wo er war, haben nur die überlebt, die ihr Gewissen abgelegt haben.

Des einen Brot ist des anderen Tod.

Ich fragte ihn dann weiter: „Ist das vielleicht ein Grund, warum die wenigsten über die russische Gefangenschaft reden?"

Er nickte und sagte, dass dies schon sein kann. Was hat man denn den Deutschen Soldaten von Anfang an beigebracht, bevor sie in den Krieg zogen? Kameradschaft! Stolz! Ehre! Fürsorge! Keiner bleibt zurück! Die Mannschaft ist nur so stark wie der Schwächste …!

In dieser Gefangenschaft in Russland, wo er war, wurden alle ruchlos. Das einzige, was alle beibehielten, war, dass sie keine Träne geweint haben.

Ich fragte dann, ob es trotz allem doch eine gute Sache gab, woran er sich erinnern konnte?

Er sagte: Ja. Stell dir vor, du wirst als stolzer Soldat losgeschickt … Die, die dich losschicken, erzählen dir, dass du deine Heimat verteidigen sollst! Irgendwo in der Welt. Das machst du auch. Und du schwitzt, du blutest und hältst Schmerzen jeglicher Art aus. Du machst alles, was man dir befiehlt, nur um deine Familie und Freunde zu schützen und um dein Vaterland zu verteidigen. Dann wird die Sache auf einmal rückläufig. Und der Kampf wird immer schlimmer und schlimmer, bis man dich irgendwann, bis auf die Knochen abgemagert, nur noch mit Lumpen auf der Haut aus einem Erdloch zieht und wie Vieh an den letzten Zipfel der Welt bringt.

Du weißt, dass der Kampf endgültig verloren ist und dass deine Heimat aufgeteilt wurde. Aus Gesprächen der Wachen, die in deiner Umgebung sind, wird nicht mehr von Deutschland, sondern nur noch von Britischer, Französischer, Amerikanischer oder Russischer Zone erzählt.

Solltest du versuchen, aus diesem Lager zu fliehen … Wohin denn? Die ganze Welt ist gegen dich! Wer nicht gegen dich ist, lässt dich trotzdem nicht rein.

Du hast nichts mehr! Du bist nichts mehr!

Und dann, nach etlichen Jahren im Arbeitslager, hört man, dass der „Bundeskanzler" nach Moskau kommt … Man weiß gar nicht, was ein Bundeskanzler überhaupt ist! Doch wurde den Gefangenen erlaubt, Radio zu hören … Und sie hörten den russischen Nachrichtensprecher, dann die russische Nationalhymne und danach hörten sie die deutsche Nationalhymne … das Lied der Deutschen, nur die Melodie.

Das war der erste Blitz am pechschwarzen Himmel für alle Gefangenen. Das erste Mal nach fast zehn Jahren eine

Art Hoffnung ... Doch welche Art der Hoffnung, wusste zu dieser Zeit niemand.
Keiner schrie vor Freude, alle fingen still an zu weinen. Bitterlich an zu weinen.
Dies war ein Extrem ...!
Doch hat mir ein anderer Gast, oder eher gesagt ein Freund der Familie, der uns bei jeder Umbaumaßnahme im Hotel geholfen hat und mit seiner Schwägerin immer donnerstags zu uns kam, etwas erzählt. Von ihm habe ich ein ganz anderes, genau gegenteiliges Extrem erfahren ... Er erzählte, dass die Gefangenschaft in Russland sehr hart gewesen ist, doch hat er sich in eine Russin verliebt, die mit ihrer Familie nicht weit von dem Gefangenenlager entfernt lebte, wo Achim seine Gefangenschaft abgesessen hat ... Er sagte mir, dass in Russland die schönsten Frauen der Welt leben würden. Als er aus der Gefangenschaft entlassen wurde, war er hin- und her gerissen.

Er war nicht lange mit ihr zusammen, doch hat es gereicht, dass er bis ins hohe Alter immer wieder ans sie zurückdenken musste.

Er sagte oft: „Gut, dass wir den Krieg verloren haben! Schlecht, dass ich die größte Liebe meines Lebens im Stich gelassen habe!"

Aber nun zurück zur eigentlichen Geschichte.
Heinz legt seinen Weg nach Waldmühle so, dass er über Königswinter kommt, weil auf dem schnellsten Weg eine britische Einheit steht, die Gefangene den Russen übergeben würde. So gelangt er an den Rhein und geht diesem nach, bis er in Köln ankommt.

An nahezu jedem Checkpoint werden alle entlaust. Männer wie Frauen. Bei Frauen machen sich die amerikanischen Soldaten lustig. Alle haben zuzusehen. Es ist mindestens mit sexueller Belästigung gleichzusetzen. Doch alle sind froh, dass der Krieg vorbei ist, und auch die Frauen lassen so was über sich ergehen, da sie alles machen, um nur Frieden zu haben. Niemand hat mehr Lust, nur eine Waffe sehen zu müssen. Das ganze Land ist wieder komplett traumatisiert. Das normale Leben beginnt jetzt wieder. Es ist mit einer ganz einfachen Rechnung zu erklären: Minus und Minus ergeben Plus. So therapiert sich das Ganze Land gegenseitig. Jeder hat die Hölle gesehen. Also braucht man den anderen nichts davon zu erzählen. Man kennt immer jemanden, der mehr mitgemacht hat ...

Ich hatte damals einen besten Freund, er war gebürtig aus Marokko. In welchem Zusammenhang, weiß ich nicht mehr, aber ich fragte meinen Opa, wie er zu Ausländern, besonders, wie er zu „Schwarzen" steht. Da erzählte er mir Folgendes ...

Auf dem weiteren Weg Richtung Waldmühle, von Uckerath aus, muss er über Köln ... Je näher er der Stadt kommt, deste mehr Geröll liegt auf den Straßen. Es wurden durch den Krieg weit über 80% der Stadt zerstört. So geht er den Rhein entlang und will den Hafen von Köln passieren ... Schon dort kann man immer noch keine Straße erkennen, weil die Gesteinsmassen überall verteilt liegen. Auch der Hafen wurde schwer getroffen. Er muss aufpassen, dass er nicht umknickt oder sich sogar was bricht. Am Verladebahnhof des Hafens stehen ein paar verlassene Güterwaggons und im Anschluss eine Brikett-Lore ...

   Beim Vorbeigehen hört er aus dieser Lore langatmiges Stöhnen. Er bleibt stehen und klettert die Bordwand hoch, um zu sehen, wer sich dort im Inneren befindet ... Es liegen fünf verwundete Wehrmachtssoldaten auf den Kohlen mit Schmerzen und jeder hat irgendwo einen Verband. Er sieht Kopfverbände, Augenverbände, einer hat die Hose zerrissen und das Bein verbunden, ein anderer hat den Arm provisorisch geschient. Sie fragen ihn, ob er der Arzt sei, den die Amerikaner ihnen schicken wollten? Heinz verneint und die Soldaten schicken ihn wieder weg. So klettert er wieder runter und will seinen Weg weiter fortsetzen ... Doch da er den Waggon hoch geklettert ist, hat er die Aufmerksamkeit einiger Arbeiter, die ca. 50 m weiter weg Schutt beseitigen, auf sich gezogen. 10 bis 15 Leute nehmen sich Steine in die Hand und laufen auf den Waggon zu. Sie schmeißen die Steine in den Waggon, um die Verwundeten zu treffen. Die Verletzten im Waggon, die sich sowieso nicht wehren können, fangen an zu schreien ... Doch da schnellt an einer alten Baracke unweit des Geschehens die Türe auf und ein amerikanischer Soldat läuft mit einer Maschinenpistole auf die Arbeiter zu! Er hat eine Binde um den Arm mit den Buchstaben „MP", gibt einige Salven mit seiner Maschinenpistole in die Luft ab und schreit ihnen irgendwas auf Englisch zu. Die Arbeiter lassen sofort alles fallen und rennen von dannen! Der Soldat dreht sich genervt um und geht wieder in seine Baracke.

Der amerikanische Soldat ist bei der Militärpolizei, „MP", und er ist ein „Schwarzer" ... Sofort fallen Heinz die Gespräche ein, die er in der Instandsetzung hatte ... Da wurde gesagt, dass die Amis „Neger" in ihren Einheiten hätten. Sie wären Wilde! Sie wären Barbaren! Sie würden nur zu uns kommen, um uns die Hälse durchzuschneiden!

Und jetzt sieht er so was!

Die Leute, vor denen vehement gewarnt wurde, sind jetzt genau die, die sich um uns kümmern! Die jetzt gerade im Moment, den eigenen Gegner mit Waffengewalt beschützen! Er denkt nur kopfschüttelnd, das sind also Barbaren.

Und so wandelt sich das ehemalige nationalsozialistische Denken, was er ohnehin schon vor Jahren abgelegt hat, in die nächste Dimension um! Er hat mittlerweile Hass gegen Nazis!

Und in der Tat muss dieser Glaube recht weit verbreitet gewesen sein … Als am 09.11.1989 die Berliner Mauer fiel, jubelten wir alle. Günter Schabowski hatte mit einem etwas falsch vorgelesenen Zettel ein ganzes Land „aufgelöst"… Dazu kam noch, dass niemand der DDR-Grenztruppen die Nerven verloren hatte! Hätte sich ein Schuss aus einer Waffe der Soldaten gelöst, wäre es wohl zu einem Blutbad ungeahnten Ausmaßes gekommen. Doch alles blieb in dieser Nacht ruhig und unsere Brüder und Schwestern hatten die Freiheit gewonnen!

Die Bundesrepublik Deutschland, die BRD, und die Deutsche Demokratische Republik, die DDR, waren zwei Länder, die sich kampfbereit gegenüberstanden …! Die Weltuhr stand oft näher als fünf vor zwölf … Wir alle haben eigentlich immer mit einem Krieg gerechnet! Doch haben es die Menschen nur mit dem absoluten Glauben an Freiheit geschafft, diese beiden Länder zusammenzuführen!

Und das alles, ohne dass ein einziger Schuss gefallen ist!

Doch meine Oma sahs an diesem denkwürdigen Tag emotionslos daneben … Ich fragte sie, warum sie sich nicht freut, dass Deutschland bald wieder vereint ist. Sie runzelte die Stirn und erzählte mir, dass alle von den bösen Amis gesprochen hätten. Sie erzählte mir, dass die Propagandamaschinerie rund um die Uhr Meldungen herausgab, wo ausschließlich Gräueltaten der Amerikaner zu hören waren. Man war der Meinung, dass Amerikaner „Neger" in der Truppe hätten, die alle Frauen vergewaltigen und ihre Gefangenen massakrierten!

So flüchteten viele Zehntausende Richtung Osten ... Diese Flüchtlinge sind nicht mit den Strömen nach dem Krieg zu vergleichen ...

Der Unterschied ist:

Im Krieg **flüchteten** die Menschen aus Angst vor dem Feind um Leib und Leben!

Nach dem Krieg wurden Menschen **vertrieben**, das waren Familien aus Ostpreußen, Pommern und Schlesien. Die Gebiete wurden nach dem Krieg neu zugeteilt und fielen in die Gebiete der UDSSR und Polen. Dort wurden sie als Deutsche vertrieben und durften teilweise nichts Rollendes mitnehmen.

Meine Oma war als Flüchtling im Osten mit meiner Uroma untergebracht ... Da nannten sie die Einheimischen: Bombenweiber! Sie durften sich Schutz vor Kälte und Nässe in den Scheunen suchen, aber durften auch niemandem zur Last fallen ... Doch war die Flucht nur kurz, denn es kam Post aus der Heimat, dass die Amerikaner überhaupt nicht so schlimm wären, wie vorher beschrieben wurde ... Da wurde dann sofort die Heimreise angetreten.

Doch jetzt weiter mit der eigentlichen Geschichte ...

So kommt Heinz in Waldmühle an und ist der erste Soldat von ganz Kürten, der aus der Gefangenschaft wiedergekehrt ist.

Man darf nicht vergessen, dass er und Paul Broich, der selber jetzt anfängt die Schmiede von Josef Boxberg zu übernehmen, und wirklich nur eine Hand voll Jungs in Kürten sind ... Paul ist in den letzten Tagen des Krieges desertiert. Er war am Westwall eingesetzt und bei stetig zunehmender Feindstärke auf mehrmaligem Nachfragen beim Vorgesetzten, was sie denen denn gegenüber stellen sollen, und mit der Gewissheit, dass Deutschland noch nicht einmal genug Munition für alle Gegner hatte, sah er sich gezwungen, still und heimlich seinen Beruf als Schmied in Kürten fortzusetzen! Da er also desertierte, wurde er auch nicht in Gefangenschaft genommen ... Dabei muss man sagen, dass Paul nicht weggelaufen ist. Es gibt, glaube ich, keine Sache, wovor Paul Angst hat. Da er ein sehr pragmatischer Mensch ist, ist diese Entscheidung halt eben die sinnvollste in seiner Situation gewesen.

Sein Freund Arthur Blei ist in Salzburg in einem Gefangenen Lager ... Er wählt eine andere Art, die Gefangenschaft abzubrechen. Er bricht ganz einfach aus dem Lager aus und geht zu Fuß von Salzburg aus nach Kürten! Doch vorher schlägt er sich bis München durch. Dort hat er Familie wohnen. Doch als er dort angekommen ist, sieht er nur noch einen zerbombten Trümmerhaufen, da, wo einst seine Verwandtschaft wohnte. So geht er zu Fuß weiter nach Kürten.

Nach seiner wochenlangen Wanderung kommt er endlich in Kürten an. Er läuft durch Waldmühle, am Hotel Tritz vorbei, und will gerade die Schmiede von Boxberg passieren, da sitzt Frau Mia Boxberg, die Gattin vom Schmied Josef Boxberg im Fenster, und ruft ihm laut zu: „Der AB ist wieder da!" Und sie lacht ihn freudestrahlend an. „Wo kommst du denn her?", fragt sie neugierig.

AB, der einen sichtlich abgekämpften Eindruck macht, sagt ihr mit schwerem Atem, dass er gerade zu Fuß aus Salzburg kommt!

Mia antwortet ihm ganz normal: „Och, Arthur, hättest du mir doch Bescheid gesagt, dann hättest du dir doch mein Fahrrad leihen können."

„Mensch", sagt AB, „hätte ich das gewusst, dass ich dein Fahrrad hätte haben können, hätte ich das vor ein paar Jahren schon mitgenommen! Und wenn mich jemand gefragt hätte, wofür der Drahtesel sei, hätte ich dann gesagt, dass wenn dieser Zirkus vorbei ist, ich ihn in ein paar Jahren in Salzburg brauche! Irgendwie muss ich ja aus der Gefangenschaft nach Hause kommen!"

Die meisten Soldaten müssen sich ihre Entlassung aus der Wehrmacht im Saal der Gaststätte Bock in Bergisch Gladbach abholen. So geht auch Heinz sich seine Papiere abholen. Die Gaststätte hat im ersten Obergeschoss einen Saal, der gut 300 bis 400 Personen fasst ... In diesem Saal wird ihm seine Entlassung ausgehändigt. Er sieht sich um und sieht auf schwarze Wände. Bei genauerem Hinsehen fällt ihm auf, dass es sich um Namen handelt. Er fragt die Leute, die an den Schreibtischen sitzen, was das alles für Namen sind, die da an den Wänden, an den Säulen vom Fußboden bis in ca. 1,5 m Höhe rangeschrieben sind. Es müssen weit über 1000 Namen sein, da die Wände von weitem einfach nur schwarz aussehen.

Der Beamte am Schreibtisch erklärt Heinz, dass es sich um Namen von vermissten Soldaten handelt. Das DRK sammelt die Namen und schreibt sie hier an die Wände. Auf jeden einzigen Namen warten Eltern, Familien, Ehefrauen und Kinder.

Heinz fragt, wie viele sich denn schon gemeldet haben.

Der Beamte sagt: „Nicht ein einziger!"

Entlassungspapiere der Wehrmacht für Heinz Tritz

Kurz darauf beginnt die Entnazifizierung …
Das bedeutet, dass man die NSDAP-treuen für ihr nationalsozialistisches Gedankengut und die Verbreitung zur Verantwortung zu ziehen versucht. Man versucht also auch

Lehrer und Dozenten umzuerziehen. Aber man will sie auch bestrafen ... So kommt es des Öfteren in ganz Deutschland zu folgendem und ähnlichen Dialogen: Jemand steht mit einer Handkarre auf einem Platz und sammelt Alt-Metall, Nägel, Hufeisen, alte Schraubendreher ... usw. Da trifft er auf jemand anderen, der die Hände in der Hosentasche hat.

Dieser spricht ihn an: „Was machen Sie da?,,

Der Schrottsammler: „Ich bin Professor auf der Universität. Jetzt befinde ich mich in der Entnazifizierung und soll als Strafe Schrott sammeln!"

Der Mann mit den Händen in der Tasche hört ihm aufmerksam zu und sagt: „Schön! Das war bis gestern mein Arbeitsplatz! Jetzt haben sie mich entlassen, weil die Stelle anders gebraucht wurde!"

Kapitel 17: Der Neuanfang

Jeder versucht wieder alles aufzubauen. Alle packen mit an. Es ist furchtbar hart und es ist kein Ende in Sicht. Die Trümmerfrauen leisten Unmenschliches. Viele denken an aufgeben. Doch es gibt ja noch das Radio. Dort gibt es einen Moderator, einen Engländer, er spielt die beste Musik und spricht den Arbeitern immer nur Mut zu: „Haltet durch, macht weiter ... Ihr werdet es schon schaffen." Diesem Radiomoderator ist es unter anderem zu verdanken, dass die Leute so schnell und weit gekommen sind. „Chris Howland" ist das Beste, was ihnen derzeit passieren konnte!

Hermann, Sepp und Heinz kommen wieder nach Hause zurück, wobei Heinz der erste aus ganz Kürten ist, der aus der Gefangenschaft entlassen wird. Er ist der Hahn im Korb. Und so erfährt er, was Frauenüberschuss auch in Kürten zu heißen hat. Er wird überall hin eingeladen. Er lässt mit Paul Broich, der ja kurz vor Kriegsende desertiert ist, keine Party aus.

Hermann fängt bei Bayer Leverkusen als Chemielaborant an und geht in die Entwicklungsabteilung. Sepp übernimmt den väterlichen Betrieb und Heinz arbeitet als Erntehelfer in Kürten Laudenberg, auf dem Hof von Alois Felder. Hermann lernt während seiner Arbeit seine Frau Uschi kennen, sie heiraten und ziehen in die Nähe von Leverkusen. Sepp hat schon lange seine Frau Elfriede. Er macht den Meisterbrief in Garten- & Landschaftsbau und eröffnet eine Gärtnerei im Hotel Tritz. Er errichtet Gewächshäuser und versucht Blumen zu verkaufen ... Doch leider ist die Bevölkerung nur noch an höchst zweckmäßigen Artikeln interessiert. So hat er als Blumenverkäufer einen ganz schlechten Zeitpunkt und somit auch einen absolut schlechten Start erwischt. Es ist ein absolut hartes Geschäft, was er gewählt hat. Vater Josef will Sepp erzählen, wie er was zu machen hat. Er wird wieder wild vor Wut. Doch Sepp, der wie alle anderen sehr viel mitgemacht hat, sucht die Konfrontation! Sie beide wollen gerade aufeinander losgehen, da tritt Sepp seinem Vater auf beide Füße: „Was willst du? Wenn du noch einmal hier rumschreist, dann nehme ich dich mit auf die Straße und mache dich zum Affen! Überlege es dir …!"

Josef reißt seine Augen auf und merkt, dass er seinen Kindern nicht mehr gewachsen ist. Er wird schlagartig ruhiger.

Es kommt eine Nachricht aus Bad Münstereifel in Waldmühle an. Der ältere Bruder von Ottilie, August Bloch, ist verstorben. Dieser war Kunstmaler in der Eifel. Die Familie wird zum Begräbnis eingeladen. Josef Tritz hat mittlerweile ein Auto. So fahren Josef, Ottilie und Heinz nach Bad Münstereifel. Nach der Beisetzung, beim Reueessen, treffen sie sich mit den Angehörigen des Kunstmalers. Es ist die Haushälterin von August. Sie heißt Gertud Zinken. Gertrud ist von Beruf Postbotin. Sie bringt die Briefe in jeden Haushalt der Stadt. Sogar in den „Roderwald" hat sie schon die Post gebracht. In diesem Wald befand sich eines von mehreren Führerhauptquartieren von Hitler. Bei einer Briefzustellung hat sie ihn persönlich durch Zufall kennengelernt. Es ist ein hartes Leben, was sie führt. Trotz der Stelle bei der Post, muss man sagen, reicht es nicht, dass sie sich selber und ihre Tochter Katharina ernähren kann. Sie geht nebenbei als Haushälterin bei August Bloch arbeiten. Ihr Mann wurde bei einem Gasangriff im Ersten Weltkrieg so schwer Verletzt, dass er Jahre später, 1928, kurz nach der Geburt von seiner Tochter Katharina, an Lungenentzündung erkrankte. Durch diesen Gasangriff wusste er, dass er keine Chance auf Überleben hatte. So zogen sich lange und harte Monate durchs Land und sein Zustand wurde immer schlechter. Er wurde aber ab und zu besser, sodass alle wieder Hoffnung hatten. Doch das waren immer nur kleine Strohfeuer. Im Herbst 1928 hatte er einen Wunsch, er wollte unbedingt seine kleine Tochter, die erst ein halbes Jahr alt war, sehen, wenn sie auf den wunderschön geschmückten Christbau schauen würde. Das war sein größter Herzenswunsch. Der Arzt machte, was er konnte und sein Wille, diesen einen Moment mitzubekommen, war unbändig.

Kurz vor Weihnachten bringen die Nachbarn einen Christbaum. Im Wohnzimmer, wo man Johann Zinken schon mit seinem Krankenbett platziert hat, wird der Baum aufgebaut. Gertrud fängt an, den Baum zu schmücken. Die Frauen der Nachbarschaft helfen alle mit. Josef liegt unter Schmerzen mit einer ganz flachen Atmung mit in dem Zimmer und versucht den Damen bei der Arbeit zuzusehen. Es ist der 22.12.1928, die Nachbarn melden bei Gertrud Zweifel an, ob ihr man Johann das überhaupt bis Heiligabend schaffen würde … Ihre Nachbarin Else nimmt Gertrud in den Arm und sagt leise: „Sollen wir nicht jetzt schon mal die kleine Katharina an den Baum legen, damit er es sehen kann?"

Gertrud weiß, wenn ihr Mann die gemeinsame Tochter vor dem Baum sieht, wird sie ihn verlieren. Er wartet nur noch auf diesen einen Moment. Gertrud bricht in Tränen aus. Sie willigt ein. Sie will ihn nicht verlieren, aber sie will ihn auch nicht leiden sehen … Jetzt stellt sich die Frage, wie man es anstellt. Der Baum steht dort geschmückt.

Johann liegt auch schon mit seinem Bett in diesem Raum. Während dieser Planung steht Gertrud still daneben. Sie versucht zu funktionieren … Doch eigentlich ist es für sie, als würde sie ihre große Liebe selber, höchstpersönlich umbringen. Else dreht sich zu Gertrud rum und fragt: „Ist das so gut?" Gertrud sagt einfach benommen „ja". Sie soll bei ihrem Mann an der Seite bleiben und die Nachbarschaft würde die kleine Katharina in den Raum schieben. Wenn sie dann diesen prunkvoll geschmückten Weihnachtsbaum sieht, dann soll Gertrud ihrem Johann die Hand halten. Wenn er das sieht, ist er angekommen …! Gertrud geht ins Wohnzimmer zu ihrem Mann. Die Nachbarn schieben langsam und vorsichtig das Bettchen der kleinen Katharina ins Zimmer. Sie sieht diesen wunderbar, bunt geschmückten Baum und ihre Augen strahlen. Ihre Fingerchen wissen gar nicht, wie sie wedeln sollen. Sie ist total aufgeregt, so etwas Schönes und Buntes sehen zu dürfen. Das kleine Wesen strahlt über's ganze Gesicht.

Doch Gertrud hat ihren Kopf auf die Brust Ihres Mannes gelegt. Regungslos liegt er in seinem Sterbebett. In dem Moment, wo sie das Kind in den Raum geschoben haben, hat er seinen letzten Atemzug getan. Den Moment, nach dem er sich Monate gesehnt hatte, worauf er seinen gesamten Fokus gelegt hatte, diesen einen Moment, verpasst er. Er stirbt am 22.12.1928 am späten Nachmittag, ohne seine Tochter vor Freude strahlen sehen zu dürfen …

Doch eines ist seltsam … Bekommt ein Mensch in diesem zarten Alter so etwas mit? Soll dies der Anlass dafür sein, dass Katharina IMMER den Schönsten Christbaum braucht, der aufzutreiben ist? Sie wird sogar den ein oder anderen, bevor er überhaupt aufgestellt wird, wieder weg geben, weil er nicht dicht genug oder krumm gewachsen ist.

Auf diesem Bild ist Johann schon dem Tode geweiht

So ist Gertrud alleinerziehend mit ihrer kleinen Tochter ... Alleinerziehende Frauen werden zwar als ehrenwert angesehen, doch schenkt man ihnen keinerlei Zuwendungen. Auch von staatlicher Seite bekommen sie nichts extra. Sie sind auf sich selbst gestellt. Das macht Gertrud sehr hart. Sie kann ohne Pause stundenlang durcharbeiten, ohne zu stöhnen und zu motzen. Mental ist sie genauso gestärkt wie physisch ... Was sie will, bekommt sie auch und lässt dabei niemanden im Stich. Da sie immer alles im Griff und dennoch eine ruppige Art an sich hat und zudem auch noch das sagt, was sie meint, ist sie als „der Feldwebel" bekannt. Was sie nicht kann, eignet sie sich an! Das kann man unschwer, unter anderem, an ihren Kochkünsten erkennen. Ihre Tochter Katharina ist 1928 in Bad Münstereifel geboren. Sie ist Halbwaise und wird von ihrer Mutter großgezogen. Sie muss auf vieles verzichten, da es vorne und hinten nicht reicht. Nach der Schule macht sie die Lehre als Friseurin und arbeitet in einem Salon in Münstereifel.

Als Käthe und Heinz sich unterhalten, bekommt Ottilie die Blicke mit und sagt, das sei jetzt dem Heinz seine! Es werden Briefe geschrieben und es kommt oft zu gegenseitigen Besuchen. Wie Ottilie es vorher sagte, man muss dabei sagen, dass Heinz groß, schlank mit dunklem Haar war. Käthe war auch sehr schlank mit blondem langem Haar und sie hatte dazu noch stahlblaue Augen ...

Hermann wohnt in Leverkusen, Sepp hat den väterlichen Laden und die anderen Geschwister sind auch alle versorgt. So zieht Heinz nach Bad Münstereifel. Er findet dort, wie nicht anders zu erwarten, schnell Anschluss und hat Arbeit in einer Kesselbauschmiede. Gertrud, Käthe und Heinz wohnen in einer Wohnung im Malerwinkel. Morgens, wo Heinz auf der Arbeit ist, kaufen Gertrud und Käthe, die montags frei hat, da sie Friseurin ist, eine neue Kommode. Sie kratzen dafür ihr ganzes Erspartes zusammen. Heinz kommt nach Hause, macht sich frisch und zieht sich normal an. Da er starker Raucher ist, hat er eigentlich immer eine Zigarette an. So will er sich die Schuhe zubinden und legt die Zigarette auf der neuen Kommode ab, die ihm bis jetzt noch gar nicht aufgefallen ist. So schusselig, wie er ist, vergisst er die Zigarette. Gertrud und Käthe rufen ihn in die Küche: „Fällt dir was auf?"

Heinz: „Nee, was denn?"

Käthe: „Dann geh mal zurück und guck mal genau hin", lacht sie freudestrahlend.

Heinz geht in den Raum zurück und sieht die nagelneue Kommode.

Käthe: „Na, wie gefällt sie dir?"

Gertrud, lächelnd: „Der ist total von den Socken."

Doch Heinz sieht die tolle neue Kommode, aber auch den fetten Brandflecken, durch die von ihm abgelegte und vergessene Zigarette. Gertrud und Käthe stehen vor der einzigen Türe, die aus dem Zimmer führt. Heinz macht derweil schon mal ein Fenster auf (sie wohnen im Erdgeschoss) und wartet, bis sie beide im Zimmer sind. Sofort fängt der Ärger an. Sie beide versuchen auf ihn einzuschlagen. Gertrud, völlig durchdrehend, rennt mit offener, zum Schlag ausholender Hand auf ihn zu und schreit: „Alles, was der Kerl anpackt, geht kaputt!"

Da rettet sich Heinz mit einem Sprung aus dem Fenster ins Freie.

Doch soll auch die kleine Vorphase nichts an der Liebe ändern. Sie heiraten im November 1950 im Kloster in Euskirchen ... Er hat seinen Panzermantel schwarz eingefärbt. Der Plan von Käthe ist es, eine kleine Bäckerei in Bad Münstereifel zu eröffnen. Heinz will weiter Blechschlosser bleiben. Doch da kommt eine Nachricht aus Kürten. Käthe und Heinz werden ins Hotel delegiert! Da Josef immer noch alles besser weiß und der Blumenladen von Sepp einfach nicht von den Kürtenern angenommen wird, schließen Sepp und Elfriede ihr Geschäft. Sepp hat eine Stelle als

Gärtner bei Bayer Leverkusen angenommen und soll den Japanischen Garten erstellen.

Josef fragt die beiden, ob sie das Hotel übernehmen wollen. Ob sie es wieder als Kneipe eröffnen wollen? Da alle anderen in Brot und Arbeit sind, wäre eigentlich ja nur noch Heinz übrig.

Heinz und Käthe fahren wieder nach Münstereifel und lassen sich die Sache durch den Kopf gehen. Was müssen sie alles machen, um das Haus wieder auf Vordermann zu bringen? Das Dach ist undicht, der Kamin ist abgebrochen und das ganze Haus sieht sowieso nicht mehr ansprechend aus.

Doch Käthe hat ja den Traum vom eigenen Laden. Nach kurzer Zeit bereisen sie wieder Waldmühle. Sie haben sich überlegt, die Kneipe wieder zu eröffnen! Aber nur, wenn auch Gertrud mitkommen darf! Käthe kennt kein Leben ohne ihre Mutter. Sie würde sie niemals im Stich lassen. Das ist wie Musik in den Ohren von Josef. Man hat eine Idee. Gertrud, Käthe und Heinz beziehen die Gaststätte Tritz und Josef zieht mit Ottilie nach Bad Münstereifel. Man macht einen Wohnorttausch. Josef ist der Meinung, dass besonders Gertrud mitkommen muss! Denn auch er hat schon erkannt, dass sie ein Arbeitstier ist und dass sie beide so jemanden auf jeden Fall brauchen. Josef geht aus dem Haus und gibt Ihnen einen letzten guten Rat: „Die Axt im Haus erspart den Zimmermann!"

Ottilie und Josef bewohnen jetzt den Malerwinkel in Bad Münstereifel.

Als Josef im August 1956 starb, hat man alle Geschwister davon informiert. Die Erschütterung hielt sich bei allen in Grenzen. Sie nahmen es zur Kenntnis und waren auch alle bei der Beerdigung, doch das Erscheinen wurde von den meisten eher als Pflichtprogramm abgehalten.

Als Ottilie, die ja eigentlich für die meisten nur die Stiefmutter war, am 03. Dezember 1965 starb, war für ihre Kinder kein Weg zu weit, es war Winter und die Straßen waren eingeschneit. Dazu wohnten sie alle sehr weit verstreut, doch jeder der von ihrem Tod erfuhr, machte sich sofort auf den Weg zu ihr.

Sie war Hebamme, Kinderkrankenschwester und Lazarettschwester. Dass sie sich so um alle ihre Kinder gekümmert hat, war aus Liebe und es war für sie eine Ehrensache.

Dass jetzt ihre Kinder sie auf ihrem letzten Weg begleiteten, war aus Liebe zur Mutter und für jeden Einzelnen die größte Ehre.

Die Beerdigung von der Mutter und Stiefmutter Ottilie sollte das letzte Mal sein, dass alle Geschwister an einem Ort zusammen kamen.

In der kurzen Zeit, wo sie nicht in Kürten waren, hat sich viel verändert. Auch in Kürten kommen Heimatvertriebene aus dem Osten an. Josef hat Land an mehrere verkauft, die aus Ostpreußen vertrieben wurden. Sie mussten ihre eigenen Häuser verlassen und durften nur das mitnehmen, was sie tragen konnten. Es wurde ihnen untersagt, alles, was rollen konnte, mitzunehmen. Dazu hatten sie nur eine ganz kurze Zeitspanne von nur wenigen Stunden …

Und so lassen sich mehrere Familien in Waldmühle nieder. Die Häuser, die sie bauen, gleichen einem dem anderen. Wenn eins in Deutschland funktioniert, ist es die Bürokratie und besonders die deutsche Gründlichkeit …

Apropos Gründlichkeit … Da gibt's in Kürten einen Dorfpolizisten. Das ist der Herr Mielke. Wenn man über Gründlichkeit redet, kommt man einfach nicht an ihm vorbei.

Arthur Blei ist in der Löschgruppe Kürten als Gruppenführer eingesetzt, da sich Willi Dahl noch in Kriegsgefangenschaft befindet und Braun gefallen ist. So kommt es, dass Wachtmeister Mielke mit seinem Dienstfahrrad an dem Uhrmachergeschäft der Familie Blei im Oberdorf anhält. Er steigt protokollmäßig vom Rad ab und stellt es vorbildlich an die Hauswand des Geschäftes. Er betritt den Laden und wartet, bis Frau Blei ihn in Empfang nimmt.
Frau Blei: „Guten Tag, Herr Mielke …"
Herr Mielke: „Guten Tag, Frau Blei. Wie geht's Ihnen?„
Frau Blei: „Gut und Ihnen?"
Herr Mielke: „Auch gut."
Frau Blei: „Was kann ich für Sie tun?"
Herr Mielke: „Ja, Frau Blei, ist Ihr Mann da?"
Frau Blei: „Ja, der ist in der Küche. Wir sind gerade beim Essen. Ich hole ihn." Und Frau Blei verschwindet hinter dem Vorhang. Der Vorhang geht wieder auf und Herr Blei steht da. „Guten Tag, Herr Mielke. Wie geht's Ihnen?"
Herr Mielke: „Gut und Ihnen?"
Herr Blei: „Auch gut. Was Kann ich für Sie tun?„
Herr Mielke: „Ja, Herr Blei, Sie sind doch in der Feuerwehr?"
Herr Blei: „Nein, das ist mein Sohn Arthur."
Herr Mielke: „Ja, könnte ich den mal sprechen?"
Herr Blei: „Ja klar. Ich hole ihn kurz. Wir sind nämlich beim Essen. "
Herr Blei verschwindet hinter dem Vorhang. Der Vorhang öffnet sich wieder und Arthur kommt raus. „Guten Tag Herr, Mielke. Wie geht's?"
Herr Mielke: „Gut und Ihnen?"
Arthur: „Ja, auch gut. Was kann ich für Sie tun?"

Herr Mielke reißt die Augen auf und schreit: „Kommen Sie ganz schnell mit! Es brennt!"

Jeder ist dabei, sich eine neue Zukunft aufzubauen. Genauso wie Heinz und Käthe. Wobei die beiden „nur" renovieren müssen. Heinz hat Stärken, besonders beim Arbeiten mit Stahl! Am liebsten im „Dünnblech"-Bereich. Er ist ein ausgezeichneter Blecherichter. Er bekommt die kleinste Unebenheit aus jedem Blech. So wettet er schon mal auf sein Gelingen und gewinnt IMMER! Außerdem ist er in der Kneipe groß geworden. Das heißt, er kann unwahrscheinlich gut mit Menschen umgehen. Leute unterhalten ist Sache von Heinz! Er lacht gerne, am meisten über sich selber. Und nebenbei kann er sich sehr gut Namen merken! Durch seinen Hauptberuf als Blechschlosser ist er schwerhörig. Das hat zur Folge, dass er nicht alles mitbekommt. Aber dafür kann er stundenlang erzählen, ohne dass es dem Gegenüber langweilig wird. Er trinkt keinen Alkohol. Seine goldene Regel im Hotel Tritz ist: kein Alkohol zuhause. Und wenn, dann nur ganz wenig! Und dennoch, oder eben darum, organisiert er die besten Partys. Er hat ein Gespür dafür, was das Volk will! Und er bleibt immer klar bei der Sache. Auch wenn manche das nicht richtig glauben: Im Heimwerken liegen definitiv nicht seine Stärken! Und das stellt er bei den meisten Arbeiten unter Beweis!

Käthe ist Friseurin. Sie hat die Ausdauer beim Arbeiten definitiv von ihrer Mutter geerbt! Sie ist unwahrscheinlich kreativ, wenn es um architektonische Umbaumaßnahmen geht. Mit einer Geschwindigkeit, wo man glaubt, Angst kriegen zu müssen. Sie hat das Kochen von ihrer Mutter gelernt und auch der manchmal raue Ton ist auf Gertrud zurückzuführen … Dazu, war sie noch nie von ihrer Mutter getrennt. Das nimmt sie, wie gesagt, als Bedingung, dass ihre Mutter mit nach Kürten kommt! Und so soll es dann auch sein. Gertrud zieht mit nach Kürten und ehrlich gesagt, wenn Josef Tritz in Kürten bleiben würde, dann wäre er für Gertrud kein würdiger Gegner!

Fazit ist: Ein schwerhöriger Blechschlosser mit Gastronomiehintergrund, eine blonde Friseurin, beide geführt von einer pensionierten Postbotin, die einem Regimentskommandeur in nichts nachsteht, planen ein neues Abenteuer! Mit anderen Worten sieht es sich für jeden Außenstehenden wie „sortiertes Chaos" aus!

Wobei man auch sagen muss, dass alle sehr idealistisch und fleißig sind. Rückschläge nehmen sie immer als Team auf sich …

So fangen die drei an, sich ihre neue Existenz aufzubauen Erste Arbeit: Dach dicht machen! Das bekommt Heinz gerade noch so hin. Doch der Schussel blieb ihm erhalten. Die zweite Arbeit ist, den Kamin wieder zu erneuern. So kommt er mit einer langen alten Leiter und begibt sich an den Kamin. Mühsam schleppt er Stein für Stein die Leiter rauf, um ihn oben neu zu mauern … Endlich fertig kommt er zum Ende und begutachtet mit Käthe sein Werk. Sie beide sehen von unten auf den neuen Kamin und Käthe fragt ihn noch, ob er das so richtig gemacht hat? Heinz zornig: „Ja, was meinst du denn? Glaubst du, ich wäre zu doof dafür?" Er will sich gerade umdrehen, da gibt es Geräusche, als würde eine Kuhherde übers Dach rennen. Und der neue Kamin bricht bis zu der Stelle, wie er vorher war, zusammen. Die Steine fallen auf die alte Leiter. Auch die hat es nicht überlebt. Heinz geht vor's Haus und murmelt: „Leck mich doch am Arsch!" In dem Moment kommt Gertrud aus der Küche, geht auf Heinz zu, reißt ihre Augen hinter der Brille auf, zeigt mit dem Zeigefinger und langem ausgestecktem Arm in Richtung des zerfallenen Kamins und sagt mit eiserner Stimme: „Rauf mit dir! Kein Kamin, nix zu fressen!" Und so wird der Kamin von allen dreien zusammen im Team wieder aufgebaut.

Und dann kommt die erste Bewährungsprobe für die drei …

Kapitel 18: Die Neueröffnung der Gaststätte Tritz ...

Wie gesagt, feiern können sie ...! Alle sind da. Die Nachbarn, das ganze Dorf und sogar die „neuen" Nachbarn aus Schlesien und Pommern ... Es wird gefeiert. Und wie! Denn wenn ein Mensch diese Gräuel mitmachen musste, hat er einfach absolut keine Lust mehr auf den kleinsten Streit. Es wird aus dem Stiefel getrunken!

Willi geht zur Toilette, um zu brechen, kommt ohne Zähne wieder. Es wird eine Runde Korn nach der anderen bestellt. Alwin Bülow aus der Nachbarschaft bestellt 40 Wasser in Schnapsgläsern. Er will alle reinlegen. Allerdings weiß er auch, dass es auffallen wird, spätestens, wenn die ersten anfangen, den vermeintlichen Korn zu trinken ... Er hält seinen „Korn" hoch und schreit: „Prost zusammen ...! Eine rund Korn auf mich! Alle Gäste reißen ihr Glas hoch und stoßen mit ihm an. Nach 20 Minuten fragt Heinz die Waltraud, ob der Korn geschmeckt hat. Da antwortet sie: „Keine Ahnung, ich hab ihn in die Cola gekippt."

So hat es jeder gemacht und deshalb kommt es gar nicht raus, dass Alwin alle reinlegen wollte.

Es geht natürlich drunter und drüber ... und zack, nächster Ärger! Kein Schaum mehr auf dem Bier ... Und jetzt? Heinz rennt in den Keller, um den Schaden zu beheben. Aber auch er weiß gerade nicht mehr so richtig weiter. Da kommt Elli Bülow mit ihrer Idee um die Ecke. „Gebt mir mal 'en Eimer und 'en Schneebesen. Ich bin schließlich Hausfrau!" So bekommt sie Ihre Arbeitsutensilien und legt los. Sie zapfen das Bier in eine Schüssel und Elli schlägt es schaumig. Ganz einfach, zwar unheimlich ekelig, aber zweckmäßig. Alle Gäste bekommen jetzt Elli-Bier. Nachdem Heinz dann den Fehler gefunden hat und wieder normales Bier ausgeschenkt werden kann, sind sich alle einig: Solltet ihr nochmal eine Kneipe eröffnen, dann bitte genauso wie heute!

Ein Jahr später bekommen Käthe und Heinz Nachwuchs: die Tochter Brigitte. Heinz will sie Ursula nennen, doch Käthe hat Angst, dass die Leute Ulla sagen. Und sie steht nicht auf Kosenamen, wobei sie sich selber nie Katharina nennt. Heinz, der seinen Willen auch durchsetzen will, meldet sie einfach als Brigitte Ursula an! Also leben jetzt Gertrud, Heinz, Käthe und Brigitte mit dem nicht zu vergessenen Hund Anka (Deutsche Dogge, gekreuzt mit Bordeaux-Dogge) unter einem Dach zusammen.

Sie wollen den Laden erweitern. Es wird umgebaut und von überall bekommen sie Hilfe. Auch von Heinz' Onkel Paul erhält er Hilfe. In der Stadtschänke am Aachener Weiher steht immer noch die alte Bestuhlung. Paul Wienand schenkt sie ihnen. Sie holen sie ab und Heinz fragt seinen Onkel, was er dafür haben will. Er erwidert: „Halt sie in Ehren, da hat schon dein alter Freund Willi Ostermann drauf gesessen."

Der Thekenbetrieb läuft sehr gut an. Durch ihre identische Auftrittsweise lassen die Gäste nicht lange auf sich warten. Feiern können sie ja alle. Nach dem fürchterlichen Krieg haben die Menschen nur noch Augen und Ohren für die schönen Dinge im Leben. Das Dorf hilft sich immer gegenseitig.

Auch menschlich und privat schlüpft man schon mal in die eine oder andere Rolle. Heinz bestellt für die kleine Brigitte, die mittlerweile laufen kann, im Dezember den Nikolaus. Der kommt standesgemäß mit dem Knecht Ruprecht. Er hat sich schwarz geschminkt und hat eine Glockenkette um den Hals sowie einen großen Stock, mit dem er wie gewohnt die bösen Kinder verhauen könnte. Man muss dazusagen, dass sie ja diesen riesige Hund Anka haben, der zudem noch Mannscharf ist. Genau gesagt, bewacht er die kleine Brigitte so, als wäre sie sein eigenes Kind. Niemand darf ungefragt in die Nähe von Brigitte! Und in die Küche auch nicht! Und der Briefträger hat's auch nicht leicht mit dem Hund. Ach ja, den Metzger lassen sie auch nur ins Haus, wenn Anka angebunden ist.

So betritt der Nikolaus mit seinem Knecht Ruprecht das Hotel. Oma Gertrud, Mama Käthe und Brigitte sind im Wohnzimmer ... und auf den Schussel von Heinz ist wieder Verlass! Knecht Ruprecht mit den Bimmeln um den Hals schreit: „Wo sind die?" Die Theke lacht, Heinz lacht mit und schickt ihn ins Wohnzimmer, bleibt aber selber bei seinen Gästen. Er hat überhaupt nicht mehr an Anka gedacht und geht seiner Arbeit hinter der Theke weiter nach.

Oma Gertrud öffnet einen kleinen Spalt, die Türe. Oben guckt sie durch den Spalt, darunter Anka und wiederum darunter die kleine Brigitte. Anka hört und sieht diesen gefährlich aussehenden großen Mann. Mit einem Satz bricht sie durch die Türe! Zähnefletschend springt sie in Richtung des „Angreifers" …! Gleichzeitig versucht Knecht Ruprecht, stehen zu bleiben und zurückzulaufen.... Doch er befindet sich im Todesstreifen, also in der Küche! Der Boden ist frisch gebohnert und er verliert den Boden unter den Füßen. Er rutscht Anka auf dem Hintern entgegen …! Anka kommt nach dem Sprung mit ihren Tatzen auf dem selbigen Boden auf und Rutscht auf allen Vieren auf den Knecht Ruprecht zu. Doch es ist so glatt, dass beide aneinander vorbeirutschen ...! Anka schaut auf den Knecht, zähnefletschend … und der Knecht schaut auf Anka, vor Angst schreiend. Anka poltert gegen die Rückwand der Küche und versucht wieder einen neuen Angriff zu starten. Der Knecht fliegt gegen den Herd, springt so schnell, wie er kann, auf und rennt wie der Blitz von hinten Richtung Gastraum. Hinter der Theke neben Heinz angekommen, springt er schreiend mit einem Satz über die komplette Theke …! Dann rennt er aus dem Haus und winselt, knizitternd, und geschockt: „Der Tritz … der scheiß Tritz! Der hat 'en Tiger!"

Brigitte mit ihrer Deutschdogge/ Bordeaux-Doggen-Kreuzung „Anka"

Unbeschwerte Partys sind Heinz' und Käthes Leidenschaft! Sie lassen sich vom Elektriker Esser riesige Boxen herstellen. Es wird am meisten das Lied „Wir sind die Eingeborenen" von Trizonesien gespielt. Weil es so schön zu Tritz passt!

Allerdings muss man dabei sagen, dass dieses Lied ein Jahr lang, von 1948 bis 1949, im Rheinland als fehlende Nationalhymne benutzt wurde …

Das kam davon, weil das Rheinland in die Britische Besatzungszone fiel und mit Brizone abgekürzt wurde. Amerikanische, Britische und Französische Besatzungszone Zone wurden insgesamt als Trizone benannt. Später wurde daraus Westdeutschland. Und aus der Russischen Besatzungszone wurde die DDR.

Und aus Trizone Endstand Trizonesien …

Es kommt der nächste Nachwuchs … die nächste Tochter. Da die meisten Brigitte „Brigittchen" nennen, nimmt Käthe das zum Anlass, das nächste Kind mit einem ganz kurzen Namen zu schmücken. Die neugeborene Tochter heißt Ruth. Da sie die Jüngere ist, wird sie von ihrer älteren Schwester Brigitte genauso geärgert, wie es halt unter Geschwistern so üblich ist. Aber das macht sie umso stärker und selbstsicherer …!

Kapitel 19: Hans und seine beiden Söhne

Volker und Hagen Tritz sind die beiden Jungs von Hans. Sie haben zwei Hobbys:.
   1. Party, am liebsten mitten auf der Reeperbahn in Hamburg …
   2. Vielweiberei! So, wie es sich für Seeleute gehört.
   Sie beide fahren schon jahrelang zur See. Sie sind bei der Handelsmarine und Hagen hat die Chance bekommen, mit auf Reise auf einem Segelschulschiff zu fahren … Er kommt nach Hause und zeigt freudestrahlend seinem Vater und Volker das Schreiben von der Reederei, die ihn mit der Pamir auf See mitnehmen will. Hans ist unheimlich stolz auf Hagen. Er ruft sofort bei allen an, dass sein Sohn mit der Pamir die Welt umrundet …
   Ein paar Wochen später ist es so weit. Er packt seinen Seesack und es geht los. Nächster Halt: Hamburg! Volker ist auch mit dabei und seine ganzen Freunde. Alle sind da zur Verabschiedung. Letztes Mal Reeperbahn und um 22:00 Uhr soll er sich dann auf der in Hamburg liegenden Pamir an Bord melden. So ziehen sie Los. Immer schön die Uhr im Auge … von Laden zu Laden. Sie befinden sich größtenteils in der Straße „Große Freiheit" … Hagen hat die Gabe, ganze Säle zu unterhalten. Aber auch hat er die Gabe, ganze Säle leer zu fegen. Nachmittags macht Hagen Platz für alle an den Tischen, indem er besoffen spielt und so schauspielert, als wenn er jeden Moment den Leuten auf den Tisch kotzen würde. Da springen alle auf, um sich vor ihm in Sicherheit zu bringen … und er hat mit seinen Gästen Sitzplätze ergattert. Solche Spielchen macht er die ganze Zeit. Und wenn er nicht gerade trinkt, tanzt er mit den wilden Mädchen aus Hamburg.

Es wird immer später und die Partys werden ebenfalls immer wilder. Irgendwann schaut Volker um sich, um zu sehen, wo Hagen ist. Doch er kann ihn nicht finden. Er fragt alle anderen, die von dem Freundeskreis noch da sind, doch niemand hat Hagen gesehen. Alle sind sich sicher, dass Hagen jetzt auf der Pamir an Bord gegangen ist. Alle sind ein bisschen traurig ... wobei Volker schon sehr angefressen ist, dass er seinem Bruder nicht ein letztes Mal eine gute Reise wünschen konnte.

Volker holt eine Runde Rum mit Orange. Das soll so eine Art Punsch darstellen. Mit dem Punsch in der Hand hat Volker einen Trinkspruch parat. Er wünscht ihm alles Gute und immer eine Hand voll Wasser unterm Kiel usw. „Kommt bald und gesund wieder, mein Bruder", sagt er mit Tränen in den Augen. Und so wird weiter gefeiert. Irgendwann hat jemand herausgefunden, wann die Pamir ablegt ... Um 6:00 Uhr morgens soll es losgehen. „Ok, dann feiern wir halt eben bis 5:30 Uhr und gehen dann runter zum Hafen. Vielleicht können wir ihm ja noch winken ...?", ist die Meinung von Michael. Er ist einer seiner besten Freunde. Und so geht's ungebremst weiter. Herberts Straße darf auch nicht fehlen.

Und wieder ab auf die Reeperbahn. Rauf und runter bis St. Pauli und wieder um. Mittlerweile ist es auch schon wieder hell. Und irgendeiner schafft es, irgendwann mal, auf seine Armbanduhr zu schauen. Zum Entsetzen aller haben sie die 5:30 Uhr verpasst. Jetzt schnell zum Hafen. Versuchen, am Fischmarkt vorbeizukommen und schnell sein! Sie kommen am Hafen an und sehen die Pamir nur noch in der Ferne! Jeder ist sauer und so langsam fangen alle an, sich gegenseitig die Schuld zu geben, dass sie den Ablegetermin verpasst haben. Volker ist richtig sauer. Auf die anderen, auf sich und auch auf Hagen. Wenn der wiederkommt, gibt es das erste Mal richtig Ärger! Er sagt wutschnaufend den anderen, dass er gerade sein komplettes Geld versoffen hat und mit den letzten paar Groschen nach Hause fährt! So geht er los, wechselt die Straßenseite und geht in Richtung St. Pauli. An einem Opel Blitz, der da an der Straße geparkt ist, bleibt er stehen. Irritiert, verdutzt und fragend guckt er hinter dem LKW auf die Straße ... Die anderen sehen das aus der Ferne und wissen, dass hier etwas nicht stimmt. Sie rennen zu ihm, um ihm zur Hilfe zu kommen. Mittlerweile hat Volker seine Gesichtsfarbe in weiß geändert. Als sie ankommen sprechen, sie ihn sofort an. „Was hast du? Ist dir nicht gut? Stimmt was nicht?"

Und Volker zeigt nur unter den Opel Blitz ... Sie alle schauen dort hin und erstarren vor Schreck!

Hagen liegt total besoffen unter dem Auto und schläft!

Volker nimmt jetzt seinen Bruder mit nach Hause und Hagen muss es Hans beichten. Hans ist außer sich. Er würde ihn am liebsten totschlagen vor Wut. Er spricht nicht mehr mit seinem Sohn Hagen! Er soll ihm gestohlen bleiben! Dieser Nichtsnutz! Immer wenn Hagen mit ihm reden will, ignoriert er ihn einfach. Wenn Hagen sich zum Essen an den Tisch setzen will, steht Hans demonstrativ auf und geht. „Bleib mir vom Leib! Du hast Schande über uns gebracht! Was soll ich denn den Leuten sagen? Was soll dein Opa von dir halten? Werd endlich erwachsen!"

Die Pamir ist ein Viermaster-Segelschiff. Sie ist 1905 in Dienst gestellt worden und ist derzeit als Schulschiff für die Deutsche Handelsmarine im Einsatz. Hagen hat verpasst, die einmalige Chance wahrzunehmen, mit der Pamir um die Welt zu reisen ... Die Abschluss Route soll von Argentinien nach Deutschland gehen. Hagen sagt, dass er dann vielleicht im Hafen sein sollte, wenn die Pamir wiederkommt? Doch Hans winkt ab, schüttelt den Kopf und geht.

Hans geht in den Stall, zu den Pferden. Da kommt sein Nachbar Knut. „Hallo Hans, da kannst du ja froh sein, dass Hagen nicht mit auf der Pamir war", legt er sofort los.

Hans fragt ihn: „Wieso?"

„Ja", antwortet Knut: „Hast du es denn nicht mitbekommen? Die Pamir ist gesunken!"

Hans rennt ins Haus und macht sofort das Radio an. Und es gibt nur ein Thema! Der Untergang der Pamir. 86 Seeleute sind an Bord und es werden nur sechs Mann gerettet! Wobei auf dem Rettungsboot vom ranghöchsten Offizier, Kannibalismus befohlen wurde. Also waren erst sieben Matrosen im Boot. Doch damit so viele wie möglich gerettet werden konnten, wurde einer geopfert.

Hans ist geschockt! Er hat Hagen so viel Unrecht getan. Er kann nicht mehr. Er ist unheimlich traurig …

Heinz hat nebenbei in seinem erlernten Beruf als Blechschlosser in einer Verpackungsmaschinenfirma in Bergisch Gladbach Heidkamp Arbeit gefunden. Da er ja die Kneipe hat, darf er später als alle anderen anfangen, aber mit ihnen zusammen Feierabend machen … Oder anders gesagt, wer später kommt, kann früher gehen. In der Nachbarschaft wohnt Eberhard, er hat bei der Firma gelernt und hat mittlerweile einen VW-Käfer in Weiß, womit er Heinz abends wieder mit nach Hause nimmt … Da für Heinz frühes Aufstehen nichts ist, wenn man bedenkt, dass er bis manchmal 2 Uhr Nachts hinter der Theke steht, ist 8 Uhr sehr früh. So kommt es oft vor, dass er wie gerädert zum Bus geht. Gertrud macht ihm oft die Butterbrote fertig, die er dann in der

Küche vergisst. So kommt es, dass er wie immer zur Arbeit muss. Der Busfahrer weiß, dass Heinz mit muss, er weiß aber auch, dass Heinz nicht an der Haltestelle steht, und hupt vorm Hotel. So springt Heinz auf und rennt aus der Haustüre. Gertrud hält derweil in der Küche die geschmierten Butterbrote in der Hand und schafft es nicht so schnell wie Heinz, aus dem Haus zu kommen ... Doch sie rennt ihm hinterher und schreit, dass er stehen bleiben soll. Sie denkt sich gerade: Die Butterbrote hat er vergessen, hoffentlich ist er komplett angezogen?!

Der Bus hat schon die Türen wieder zugemacht und will gerade anfahren, da hämmert Heinz mit der Faust an,s Heck des Busses. Der Fahrer macht die Türe wieder auf und schreit Heinz an: „Verdammt nochmal, kannst du einmal normal wie alle anderen an der Haltestelle stehen?"

Von hinten brüllt Gertrud: „Hey, deine Butterbrote!"

Heinz springt in den Bus und Gertrud wirft ihm die Brote fast noch nach. Da schließen sich schon die Türen und der Bus fährt los. Gertrud, die sich schon Sorgen gemacht hat, ob ihr Schwiegersohn wenigstens komplett angezogen sei, schaut runter auf die Straße und sieht seine Schuhe, die er beim Sprung in den Bus verloren hat, auf der Straße stehen!

Eberhard nimmt ihn eigentlich jeden Tag mit nach Hause. So kommt es an einem Regentag zum Fauxpas ... Es regnet Bindfäden. Eberhard hat Schwierigkeiten, überhaupt was durch die verregneten Scheiben zu sehen ... und so machen sie sich auf nach Kürten. Da fällt Heinz ein, dass er kurz in die Metzgerei muss. Bernd hält vorm Metzger an und Heinz springt raus in die Metzgerei ... Da hält vor Eberhards Käfer ein weiterer Käfer. Drin saß ein junges Mädchen am Steuer, das nach dem Parken wohl auch in die

Metzgerei will. Da stürmt Heinz aus der Metzgerei und springt in den erstbesten Käfer, den er wahrgenommen hat. Es ist der Wagen des Mädchens. Sie hat sich selbstverständlich riesig erschrocken, wie Heinz sich allerdings auch. Doch ihn bringt nichts aus der Ruhe ... er sieht sie an und sagt verdutzt: „Mensch, hast du dich verändert. Aber steht dir gut!"

So springt Heinz aus dem Käfer und rennt zu Eberhards Käfer, der diese Szene wie im Kino miterlebt. Er ist derweil vor lachen in den Fußraum gerutscht.

Der Tag besteht aus Arbeit. So soll Heinz von seiner Firma „Höller Verpackungsmaschinen" der Kirche in Bergisch Gladbach Heitkamp das Jesuskreuz über dem Altar herstellen und aufhängen. Man muss dazusagen, dass er im Dünnblechbereich arbeitet. Demnach ist es für ihn eine riesige Aufgabe. So fängt er an, dass Kreuz nach Zeichnungen herzustellen. Und jetzt soll es in der Kirche, über dem Altar, an zwei Ketten aufgehangen werden. Mit einem Lehrling macht er sich auf den Weg. Sie beide geben sich größtmögliche Mühe. Endlich hängt das eiserne Jesuskreuz über dem Altar ... fertig. Sie packen ihre Sachen und wollen sich auf den Heimweg machen. Sie gehen aus der Kirche, schlagen die Türe hinter sich zu und es donnert in der Kirche. Wie gesagt, außer Blecharbeiten kommt da nicht mehr viel bei Heinz. Türe wieder auf und da ist eine Kette aus der gerade angebrachten Verankerung gebrochen ... also alles wieder von vorne. Sie kriegen es wieder aufgehangen, aber schief und nicht in der Mitte. Nach ein paar Tagen kommt der Pastor von Heitkamp zur Abnahme. Er sieht das Kreuz und sagt zu den anderen, die drum herumstehen: „Es ist von Menschen hergestellt worden. Ich habe keinen Zweifel daran, dass sie sich größte Mühe gegeben haben! Wir lassen es so hängen und ich möchte mich still bei den Arbeitern bedanken."

Aber der Pastor ist kein Kind von Traurigkeit. Er fragt, ob man dem Schlosser nicht doch einen kleinen Hieb mitgeben kann? Die Arbeitskollegen von Heinz sehen sich an, jeder weiß, dass Heinz ein leidenschaftlicher Skat-Spieler ist! Sie lachen und sagen ihm, dass sie sich was ums Skat spielen einfallen lassen wollen. Und schon am nächsten Tag kommen sie wieder zum Pastor von Heidkamp … Sie haben sich da mal Gedanken gemacht … Idee: „Wir alle zusammen buchen bei Heinz Gästezimmer und sagen ihm, dass wir in Kürten wandern wollen. Das macht er unter Garantie mit. Und dann brauchen wir ihn das mit dem Skat gar nicht erst zu fragen, sondern er wird uns danach fragen! Und dann werden Sie, Herr Pastor, sich schlau stellen und dumm spielen. Das bringt ihn auf die Palme! Wenn er dann so richtig wild ist, dann sagen Sie ihm, dass Sie der Pastor von Heidkamp sind. Da wird er im Boden versinken!"

Und genau so machen sie es. Sie sind mit dem Pastor Duz-Freunde, auch Heinz ist mit ihm per du … Sie wandern und machen den größten Blödsinn. Der Pastor immer vorneweg … mit Heinz! Und abends wird Skat gespielt … Es kommt genauso, wie es seine Kollegen vorher gesagt haben. Er wird wild vor Wut. Doch mit einer Sache haben sie nicht gerechnet: Heinz ist stocksauer! Er schreit, er flucht, aber er hört nicht auf, alle als seine Freunde zu behandeln. Er bleibt trotz allem fair. Seine Kollegen bestellen zwischendurch eine neue Runde. Heinz geht sie holen. Diesen Moment nutzen sie, um den Pastor zu fragen, wann er ihm denn jetzt offenbaren will, wer er ist? Da schaut der Pastor in die Runde und sagt: „Seht Ihr, ich habe euch doch gesagt, dass es wundervolle Menschen waren, die das

Kreuz aufgehangen haben ... Ich bin froh, dass er das Kreuz so schief aufgehangen hat! Sonst hätte ich euch alle nie kennengelernt! Dafür, und nur dafür bedanke ich mich bei euch allen."

Mal wieder geht die Sirene ... Hochbetrieb in der Gaststätte, das hält Heinz nicht davon ab, mit in den Einsatz zu fahren ...! Andererseits muss man sagen, dass in Kürten eine freiwillige Feuerwehr besteht, die durch solche Menschen wie Heinz, Bubbi, AB, Leo und viele andere sehr schlagfertig ist. Sie sollen eine Fachwerkscheune löschen. Zwar haben die meisten weder Auto noch Motorrad, doch trotzdem schaffen sie es oft in unter 15 Minuten an die Einsatzstellen. Wie auch immer. Man kann sich auf die Jungs verlassen.

Die Scheune steht in Vollbrand. Das Feuer ist schon auf das Wohnhaus übergesprungen. Doch der Bauer, dem das Gehöft gehört, schreit: „Nicht löschen! Um Himmelswillen, erst wenn das Treppenhaus brennt, dann könnt ihr löschen. Die Versicherung bezahlt erst, nachdem das Treppenhaus brennt!"

Heinz sieht sich um, ob Polizei in der Nähe ist. Dann geht er zum Bauern, nimmt ihn bei Seite und fragt, ob wirklich niemand mehr im Haus ist. Der Bauer zeigt auf seine Frau und die Kinder sowie Hund und Katze. „Das Haus ist leer!"

„Ok", entgegnet Heinz. „Ich hab für den Blödsinn keine Zeit!"

So nimmt er sich eine kleine Schüssel, geht an die Pumpe und zapft knapp einen halben Liter Benzin ab ... Er geht ans Haus und schmeißt die Schüssel mit dem Benzin in den Eingang des Hauses. Es dauert paar Sekunden und das

komplette Holztreppenhaus fängt Feuer und fliegt explosionsartig oben aus dem Dachstuhl raus ... Der Bauer und die Familie Jubeln und sagen: „So, jetzt könnt ihr mit der Bude machen, was ihr wollt."
Genauso schlagfertig präsentiert sich die Löschgruppe Kürten bei Staatsbesuchen. Konrad Adenauer ist zu einem Besuch in Wipperfürth. Dieser Besuch ist lange geplant, wovon man im Rathaus in Kürten Wind bekommen hat. So legt man die Rute des Rückwegs von Adenauer, der ja nach Bonn muss, über Kürten. Auf dem Rathausplatz will man ihn dann abfangen und ihn ein paar Worte an die Kürtener sagen lassen ... So ist der Plan, so wird's gemacht. Doch jetzt gibt es ein Problem. Kürten verfügt über nur einen einzigen Polizisten. Wie soll der Schutz für den Bundeskanzler gestellt werden? Doch dann hat man mal wieder einen Geistesblitz! Wir machen es ganz einfach, wir rufen die Feuerwehr hinzu! Die Löschgruppe Kürten bewacht den Bundeskanzler!
Es kommt so wie geplant zum Staatsbesuch! Konrad Adenauer steigt aus seinem schwarzen Mercedes und wird von der geschlossenen Löschgruppe Kürten, die links und rechts von ihm neben ihm her laufen, zum provisorischen Podium geführt. Da man keinen Mikrophonständer hat, hält Addi Ries dem ersten Bundeskanzler der Bundesrepublik Deutschland das Mikrophon! Adenauer sieht sich um, bedankt sich bei den Bürgern für den Empfang und sagt unter anderem, dass er hocherfreut und erstaunt ist, dass es in Kürten und Wipperfürth so viele gut angezogene Leute gibt. Was ihm nicht gesagt wurde, ist, dass in Wipperfürth auf der Lenneper Straße eine Bekleidungsfabrik ansässig ist, wo man Werkseinkäufe machen kann. Ganz Wipperfürth und auch Kürten kleidet sich dort ein ...

Während Adenauer seine Grußworte formuliert, steht die Löschgruppe Kürten zum Schutz an seiner Seite. Für die Feuerwehrmänner ist es ein Tag, der in Erinnerung bleiben soll.
Von diesem Tag wird noch Jahrzehnte später gesprochen. Sie nahmen teil an der Deutschen Geschichte ...
Und alle nachkommenden, wie auch wir, die jetzige Löschgruppe, werden für immer stolz auf euch bleiben.

Konrad Adenauer. Addi Ries hält ihm das Mikrophon und im Hintergrund steht Heinz Tritz

Sie sind nicht nur schlagfertig, sondern auch feierfreudig...
So kommt es, dass die Gemeinde Kürten der Löschgruppe Kürten einen neuen Feuerwehrwagen kauft! Ein Mercedes-Löschgruppenfahrzeug mit einer Feuerlösch-Kreisel-pum-

pe, die 800 l/min bei 8 bar leistet. Für den Laien: Es ist ein hochmodernes Feuerwehrfahrzeug. Dieser Wagen muss jetzt erstmals vernünftig eingeweiht werden ... So räumen sie den neuen Feuerwehrwagen leer und verstauen in den Gerätefächern ihre Koffer und fahren eine Woche in Urlaub. Vom Bürgermeister kommt die Frage, mit welchem Recht sie den Feuerwehrwagen mit in den Urlaub nehmen? Da kommt als Antwort von Arthur Blei: „Wir sind doch sowieso nicht da!"

Foto vom Ausflug Monschau

Und so macht sich die Löschgruppe Kürten auf den Weg. Nächster Halt, Arnheim. AB fährt und Bubbi hat seinen Dreirad-Pritschenwagen mit. In Arnheim wird gefeiert und dann fahren sie weiter nach Monschau. Sie haben selbstverständlich einen riesigen Spaß. Zwischendurch fahren sie zum Hürtgenwald. Dort war AB im Krieg in den Kämpfen verwickelt. Sie fahren zu einer Kirche etwas außerhalb. AB redet eigentlich nie über den Krieg. Er ist immer gut gelaunt und macht jeden Blödsinn mit. Dort angekommen, wird er ganz ruhig. Er sieht die Kapelle und sagt, dass er an dieser Stelle die schlimmsten Kämpfe, die Hölle, gesehen hat. Er war Panzerkommandant in der Totenkopf-Division, die ausschließlich dazu da war, andere eingeschlossene Verbände aus dem Feuer zu holen. Die Kampfhandlungen an dieser Kapelle kann er detailliert genau beschreiben.

Ich habe so oft gefragt, wie ein Mensch wie AB, den ich ausschließlich als einen fröhlichen, über alle Maßen hilfsbereiten Menschen kennengelernt habe, und als einen Menschen, der sogar im hohen Alter jeden Blödsinn mitmachte, der sich vor allem für die schwachen und schwächste einsetzte ... Wie so ein Mensch in diesen Kontrast fallen konnte. Einerseits der wirklich gute Mensch und andererseits einer, der in der SS war ...?

Dazu muss man die damalige Zeit durchleuchten ... Man hört, dass Hitler die Massen in seinen Bann zog. Man hört, dass die Nazis das komplette Land paralysierten ...

Doch was heißt das eigentlich? Sind die Nazis mit einer Glaskugel von Haus zu Haus gegangen und haben die Leute mit der Kugel verzaubert? Nein, haben sie nicht!

Wir haben heute die Technik, dass ich mit einem handelsüblichen Mobiltelefon, was in die Hosentasche passt, eine Telefonverbindung mit Volker Tritz in Seattle, USA, binnen Sekunden aufbauen kann! Ich kann mit ihm sprechen, als wäre er nebenan. Das Ganze mit minimalem Zeitversatz!

Ich habe im Keller des Hotels Briefe an meine Oma und auch einen Brief an meine Uroma gefunden. Es handelt sich dabei um Post, vom „Unbekannten Soldaten". Der eine Brief an meine Uroma stammt aus dem Jahr 1915 und ist somit über 100 Jahre alt. Er kommt von einem deutschen Soldaten, der in Frankreich eingesetzt war. Ich kann ihn nicht lesen. Es ist in einer Schriftart geschrieben, die wir „Altdeutsch" nennen würden.

Die Briefe an meine Oma sind aus dem Jahren 1941 bis 43 von zwei Soldaten, die in Russland eingesetzt waren. Auffällig ist dabei, dass sie sich in jedem Brief mehrfach für einen Schreiben meiner Oma bedankten. Über mehrere Briefe und Monate versuchen sie sich gegenseitig Bilder zu schicken. Doch da es in Russland an der Front keine Fotografen gab, war dies unmöglich.

Das ist für unsere heutige Zeit kaum vorstellbar.

Wenn ein Staatspräsident etwas „laut denkt" und es in die Medien gelangt, kann es passieren, dass diese Worte den hintersten Zipfel der Welt erreichen, bevor er es zu Ende gedacht hat! An diese Art der Medien war zu der damaligen Zeit überhaupt nicht zu denken. Es gab keinen Fernseher, kein Faxgerät, keinen Computer und auch kein Internet.

Das Einzige, was es gab, war die Post, man konnte Telegramme verschicken und vereinzelt gab es an bestimmten Orten, meistens in Rathäusern, ein Telefon. Aber einfach hingehen und eine Nummer wählen, war so auch nicht möglich … Es war schon ein gewaltiger Aufwand, mit jemand anderem zu telefonieren. Und ins Ausland konnte man sowieso nicht telefonieren. Dazu kam, dass jedes Gespräch von sämtlichen Stellen mitgehört wurde. Dann gab es die Zeitung, das Radio und das Kino. Mehr nicht! Also war das gängigste Kommunikationsmittel Zeitung, Radio und Kino!

Dieser Medien bedienten sich die Nazis, alles war verstaatlicht und unterlag einer höchst aufwendigen Zensur. So wurde nur das in Umlauf gebracht, was die Nazis weitergebracht hat. Es wurden selbstverständlich auch Wahrheiten verbreitet, aber wiederum nur, wenn sie Hitler in seinem Weiterkommen dienlich waren. Es wurde so gedreht, bis es wieder passt.

Zum Beispiel wurde dem Volk erklärt, wer gegen wen Krieg führte ... Die Aussagen sahen so aus:

Da stand Russland, wo die deutschen Truppen ja schon Moskau sehen konnten. Polen war besiegt und im Westen standen England und Frankreich, die ja den Deutschen den Krieg erklärten, und Frankreich wurde in sechs Wochen überrannt ... dann war da noch Amerika, die viel zu weit weg waren.

Dagegen standen Deutschland und seine Verbündeten, Italien und Japan. Alle, die sich aus dem Krieg herausgehalten haben, so wurde dem Volk erzählt, wären auf deutscher Seite.

Des Weiteren hat bei den Olympischen Spielen 1936 die ganze Welt Deutschland zugejubelt ...

Dem ganzen Land, jedem einzelnen, wurde von jeglicher offizieller Seite suggeriert, dass sie im Schlaraffenland leben würden und dass die, die gegen sie seien, es nur auf ihren Wohlstand abgesehen hätten und sie deshalb überfallen wollten. Es wurden über Tugenden berichtet die nur von Deutschen ausgingen. Gräuel jeglicher Art wurden den Feinden zugesprochen. Und diese Art der Politik, diese Art der Medien, hatte die Welt zuvor noch nie gesehen. Kein Mensch auf dieser Erde hatte einen Vergleich ziehen können.

Ob eine Sache gut oder schlecht ist oder wie gut und wie schlecht sie ist, stellt sich erst durch den Vergleich heraus. Sollte man also bei einem sportlichen Wettbewerb alleine in einer Disziplin starten, ist man dort auf dem ersten Platz! Man ist der Beste, der Schnellste, der stärkste usw. bis jemand anderes hinzukommt. Erst dann stellt sich heraus, wie gut oder schlecht man ist ...

Und genauso war es zu dieser Zeit auch. Niemand auf der Welt kannte solch eine Medienbeeinflussung ... Die Nazis bedienten sich Sachen, die für uns heute normal bzw. längst überholt sind, die aber damals völlig neu waren. Wie z.B.: Kein Staatsmann flog mit einem Flugzeug von einer Wahlkampfveranstaltung zur nächsten.

Also brauchte man auch keinen, der mit einer Glaskugel das Volk hypnotisierte ...

Die, die sich freiwillig gemeldet haben zu jeglichem Dienst in der Partei, haben das getan, weil sie an eine echt gute Sache glaubten. Die, die freiwillig zur Wehrmacht und zur SS gingen, sind nicht dahin gegangen, um jetzt extra-böse zu sein, auch sie wurden hinters Licht geführt.

Die meisten SS-Männer wurden, nachdem sie eingetreten waren, fast sektenmäßig in einen Bann tiefer und tiefer gezogen.

Das ganze Land wurde auf eine Reise ohne Rückfahrt-Ticket geschickt.

Basierend auf Macht und Größenwahn fielen Millionen Menschen Weltweit dem Tod zum Opfer.

Wir waren alle zusammen auf einer Tour in den 90ger Jahren. Morgens beim Frühstück trank ich mit AB eine Tasse Kaffee ... So erzählte er mir, als ich ihn fragte, ob er seinen Kaffee mit Milch trinken würde, folgende Geschichte:

Wieder einmal ist ABs Einheit in ein schweres Gefecht involviert. Die Einheit, wo AB als Panzerkommandant auf einem Tiger eingesetzt ist, steht mittlerweile im Nahkampf mit feindlichen Truppen. Mitten im Gefecht sieht er einen feindlichen Panzer links an seiner Seite. Er versucht schnellstmöglich, den Gefechtsturm nach links zu drehen, doch bemerkt er, dass sein Feind ihn schon anvisiert hat. AB versucht aus seinem Turm zu klettern, da löst sich schon aus dem feindlichen Lauf der Schuss. Die Granate trifft seinen Panzer zwischen Turm und Wanne. Er kassiert einen Volltreffer! Durch diese Wucht wird AB aus der Lucke seines Panzers geschleudert und landet bewusstlos in einem brennenden Holzhaufen. Seine Gesichts- und Kopfhaut werden verbrannt. Doch glücklicherweise ist zufällig ein Sanitätsfahrzeug in der Nähe, welches sich um AB kümmert.

Er wird in ein Lazarett gebracht, wo man seine Wunden versorgt. Unter anderem muss er täglich sechs Kannen schwarzen Kaffee trinken, das, so sagen die Ärzte, würde die Haut heilen ...

AB musste wieder einen Schicksalsschlag hinnehmen, sein Sohn ist beim Bergsteigen tödlich verunglückt. Mein Opa und ich trafen AB Zufällig in Kürten. Opa fragte ihn, wie es ihm geht. Er sagte: schrecklich! Es sei noch schlimmer als das Gefecht, wo er immer dran denken muss.

AB bekommt einen neuen Fahrer für seinen Kampfpanzer Tiger zugewiesen. Es meldet sich bei ihm ein junger, gerade mal 16 Jahre alter SS-Panzerfahrer. Nach einigen Gesprächen mit der Mannschaft kommt heraus, dass der Junge noch nie im Gefecht gewesen sei. AB nimmt ihn sofort zur Seite und fragt ihn, wie viel Fronterfahrung er schon hat. Der Junge sagt leicht verschämt, dass er noch nie im Gefecht gewesen sei und dass er unheimlich aufgeregt sei, weil er weiß, dass man sich an der Front keine Fehler leisten könnte. Er sieht die Abzeichen an ABs Uniform und meint, dass er bei ihm wohl in guten Händen wäre, aber er hat trotzdem sehr große Angst. AB entgegnet ihm, dass er einfach das machen sollte, was er ihm sagt und dann wird es schon gut gehen ...

Noch am gleichen Tag erhält AB einen neuen Marschbefehl. Die Mannschaft sitzt auf und fährt los. Sie sind im Verbund unterwegs. Da treffen sie wie erwartet auf den Feind. Hinter ABs Tiger sieht er eine Panzerabwehrkanone die ABs Tiger anvisiert. AB will den Gefechtsturm drehen, auch andere seiner Einheit sehen die „PAK" ... Jeder eröffnet das Feuer auf dieses Geschütz. Doch schafft die Mannschaft des Geschützes noch, einen letzten Schuss abzugeben. Dieser trifft genau den Motor von ABs Tiger-Panzer!

So wie der Motor getroffen wird geht der Panzer aus und nichts funktioniert mehr. Und fast zeitgleich fängt der Panzer auch von innen an zu brennen. Sofort stürmt die Mannschaft raus. Doch der neue Fahrer schafft es nicht. Über der Lucke des Fahrers bleibt das Kanonenrohr stehen. Und so, wie der Panzer Feuer gefangen hat, lässt sich der Turm nicht bewegen. Der Fahrer bekommt seine Lucke nur ca. 10 bis 15cm geöffnet. AB und die anderen seiner Crew

versuchen alles, um den Turm zu drehen, dass sie den Jungen retten können. Doch es klappt einfach nicht, hektisch versucht die Mannschaft, das Rohr weg zu drehen. Einer schreit „Leerlauf!" ... Doch ins Innere des Panzers zurück zu klettern ist unmöglich. Man sieht schon den Feuerschein durch die Lucke. Der Fahrer winkt mit der Hand, die gerade so durch den Spalt der Luke passt, und wimmert nach Hilfe. Als die Flammen den Fahrer erreichen, fängt er vor Schmerz an zu schreien. Die Mannschaft muss jetzt auch vom Panzer runter, weil es zu heiß wird. Der junge Fahrer schreit vor Schmerz, als die Flammen ihn erreichen. Er verbrennt bei lebendigem Leib ...
Und AB kann nur zugucken.

Wenn ich mit meinem Opa über AB oder ihn selber gesprochen habe, sagte er immer, wenn du wirklich nicht weißt, wofür du beten sollst, dann bete dafür, dass es nie wieder Krieg geben soll.

Doch die Zeiten des Krieges sind vorbei und jetzt wird gefeiert!

Wir hatten damals einen Dorfpolizisten, den ich noch selber kennenlernen durfte ... Er war fast täglich in unserer Kneipe, um seine Mittagspause zu machen, und oft kam er abends zum Dienstschluss wieder, um mit seinem Freund, der eine Hühnerfarm in Breibach betrieb, sein Feierabendbier zu trinken. Sie saßen beide immer an gleicher Stelle, am Eingang, und oft blieb es nicht bei einem oder zwei Bier ...

Ein Alkoholproblem hatte er mit Sicherheit. Aber er war ein wirklicher Freund und Helfer ... Er hat jeden Blödsinn mitgemacht, doch muss man wissen, dass es eine andere Zeit war. Man kannte keine Gewalt, wie sie heute herrscht.

Er wurde von allen mit höchstem Respekt behandelt. Und sein Wort war Gesetz. Er hatte eine Dienstwaffe, aber eigentlich nur, weil sie zum Anzug dazugehörte.

Es schien mir immer, als wäre seine Philosophie: Man darf alles machen, es darf dabei aber nichts passieren ...

Auch in Kürten wird so viel wie möglich gefeiert. Hotel Tritz ist nicht die einzige Kneipe. An Konkurrenz mangelt es jedenfalls nicht. Man darf ja nicht besoffen mit dem Auto fahren. Doch einen genauen Richtwert gibt es wohl nicht, oder ist mit ca. 1,5 Promille sehr hoch. So kommt es zu einem von vielen Vorfällen ...

An der Theke versammeln sich mal wieder sämtliche Gewerke. Thema: Gestern Abend, Kirmes in Wipperfeld ... Wir hatten Spaß! Und gesoffen haben wir wie verrückt.

Heinz fragt: „Wer ist denn gefahren?"

Antwort: „Herbert Schmitz." (Polizist von Kürten)

Heinz sagt: „Ok ..."

Da kommt Herbert in die Wirtschaft und schreit: „Das von gestern war zwar gut, aber das macht ihr nicht mehr mit mir!"

Heinz, neugierig, fragt: „Weiter?"

„Ja", sagt Herbert, „ihr wusstet ganz genau, dass ich mit meinen Kollegen aus Bergisch Gladbach beim Lottogeschäft Kühn stehe! Und ich sah euch ja schon ankommen ... Da sagte ich zu den anderen, das ist mein Fall. Ich kam an den Wagen, fragte: Haben Sie Alkohol getrunken? Da habe ich selber „nein" gesagt! Weil keiner mehr von euch sprechen konnte! Danach sagte ich meinen Kollegen, dass ich Dienstschluss mache. Und dann habe ich den Wagen nach Wipperfeld gefahren!"

Monate Später sitzen wieder alle mittags im Hotel Tritz und reden erst über Politik … dann über Fußball und da muss man dabei sagen, dass ab diesem Moment nur noch Bundestrainer an der Theke sitzen! Wenn man sie hört und die Augen zumachen würde, dann sinkt man aus Respekt vor jedem einzelnen Spitzensportler auf die Knie. Nicht zu vergessen, dass in dem ein oder anderem, der gleich wieder auf die Baustelle, an die Arbeit, muss, eigentlich ein Spitzen-Fußballtrainer beziehungsweise Teammanager schlummert.

Wenn dann alle Spiele analysiert sind und für den einen oder anderen das Ende der Mittagspause absehbar ist, wird über die Arbeit gesprochen. Was man alles leisten muss … Und wieder weiß jeder alles besser, nicht etwa vom eigenen Gewerk, sondern Schosser sind bessere Elektriker … Maurer fragen sich, warum es Stuckateure gibt. Dachdecker fragen sich, wie lange die Zimmerleute noch brauchen. Und die Maler sitzen genervt daneben und sind auf alle sauer!

Da kommen sie an ein Thema … wie Kalksandsteine zu schneiden sind. Walter Nussbaum hat ein Patent auf eine Kalksandstein-Schneidemaschine. Er wirft in den Raum, dass Kalksandstein trocken geschnitten werden muss! Sofort fangen die Maurer an: „Kalksandstein wird nass geschnitten!"

Walter Nussbaum: „Kalksandstein wird trocken geschnitten!"

Dieser Dialog bekommt eine Eigendynamik. Es ist wie eine Warteschleife. Immer das gleiche.

Maurer: „Kalksandstein wird nass geschnitten!"

Nussbaum: „Kalksandstein wird trocken geschnitten!"

Ab und zu werden zwar einzelne Wörter voraus geschickt, wie: „Ich sag zum letzten Mal!" Und wieder: „Kalksandstein wird …!"
Herbert hört sich diesen Dialog einen Moment lang an, zahlt seine Rechnung und geht zu seinem Streifenwagen, der vor der Türe geparkt ist, und fährt wieder in den Dienst.
Abends, nach 18 Uhr, kommt er wieder zurück und setzt sich wieder an seine Stelle, direkt neben der Türe an der Theke.
Mittlerweile sind schon alle gut alkoholisiert und sind beim gleichen Dialog wie vor Stunden.
„Kalksandstein wird trocken geschnitten! „
Herbert fragt erstaunt, ob sie inzwischen wieder arbeiten waren? Da ruft einer aus irgendeiner Ecke: „Nee, ging nicht!" Alles guckt erschrocken in die Richtung. „Ja, bei mir auch nicht!", ruft der nächste. Und so langsam kommt jeder mit einer ausrede zur Sprache. Man hört durcheinander folgende Dialoge:
„Wenn du nicht mit dem Keller fertig bist, kann ich ja sowieso nix machen."
„Wenn ich nicht beliefert werde, komme ich nicht weiter."
„Bei dem Wetter geht es sowieso nicht."
„Unser Kran wird heute repariert." usw…
Herbert fragt, ob sie dann bis jetzt über Stunden sich um die Kalksandsteine gekümmert hätten. Doch an den Gesichtern kann man erkennen, dass keiner seine Frage verstanden hat.
Da kommt Simmerings Hein zu Herbert rüber und fragt ihn, was passiert, wenn man geblitzt wird. Herbert fragt, wie schnell er war und wie viel km/h erlaubt waren?

Simmering erklärt: „Es war auf der Autobahn, da war eine Baustelle und ich fuhr um die 150 km/h und ich meine, da waren 80 km/h erlaubt."

„Oh", antwortet Herbert. „Dann ist der Lappen weg!" Er sagt sofort, dass er als Polizist nichts daran ändern kann, denn er ist nur dafür da, dass durchzusetzen, was der Gesetzgeber verlangt. Ob es ihm persönlich passt oder nicht, ist egal!

Doch da er ja in Kürten eingesetzt ist, hat er schon mehr freie Hand als woanders, also kann er hier im Dorf schon mal Sachen übersehen oder durchgehen lassen, die bei einer höheren Bevölkerungsdichte zu ernsthaften Schäden oder Unfällen führen könnte ...

Alle hören Simmering zu, wie er über seinen Fauxpas spricht, und sofort fängt die Schadenfreude an ...

„Na, dann ist nichts mehr mit dickem Auto durchs Dorf heizen."

„Hoffentlich stehen sich die Räder deines Mercedes nicht Platt, in der Zeit, wo du keinen Führerschein hast."

Und die Dialoge werden mit verschämtem Lachen untermalt ...

„Tja", sagt Jupp, der direkt neben Herbert und Simmering steht, „was machst du denn ohne Führerschein?"

„Och", sagt Simmering, „ich werde die Zeit, wo ich keinen Lappen habe, mit dem kleinen Auto meiner Frau fahren! Ihr habe ich nämlich extra einen kleinen Wagen mit Automatik gekauft. Der fährt doch von alleine ... Oder?"

Herbert hört seine Worte, schließt genervt die Augen und bestellt bei Heinz ein großes Kölsch!

Da man das Thema Baustelle jetzt abgearbeitet hat und mittlerweile tief im Straßenverkehr angekommen ist, wird das jetzt zum Gesamtthema. Rolf dreht sich zu Udo rüber

und sagt ihm, sodass es alle hören können: „Weißt du, dass du überhaupt keinen TÜV mehr auf deinem Auto hast?"
Udo antwortet ihm genervt: „Ja, laut Plakette!"
„Ach so", ruft ein anderer in die Runde. „Dann geht's doch noch."
„Nee", ruft Udo, „ohne Plakette darf man nicht fahren!"
„Doch!", sagt Rolf.
Und so entwickelt aus diesem Dialog die gleiche Eigendynamik wie mit Kalksandstein.
Herbert hört dem ganzen fünf Minuten zu und schreit los: „Hört ihr wohl auf mit dem Scheiß hier?!" Er schaut zu Heinz rüber und fragt: „Wie hältst du das eigentlich aus? Die sind ja total verrückt hier?"
Heinz dreht sich nur weg und kratzt sich am Kopf.
Herbert fragt die Gäste in der Kneipe: „Wer ist eigentlich schon seit heute Mittag hier und muss noch Auto fahren?"
Sofort ist die Kneipe mucksmäuschenstill! Alle schauen sich verschämt an, doch keiner sagt einen Ton.
„Ok", sagt Herbert, „wenn einer raus will, muss er ja an mir vorbei! Dann sehe ich ja, wer nach Hause fahren will."
Nach einer kurzen Pause gehen die Bierbestellungen nahtlos bei Heinz weiter. Doch was Herbert entgeht, ist, dass alle einen gewagten Plan gegen ihn schmieden. Sie beziehen Herbert in jede Runde mit ein und wenn er total betrunken ist, ruft er sowieso sein Taxi, um nach Hause gefahren zu werden. Wenn er dann weg ist, können ja alle wieder mit ihren Autos nach Hause fahren.
Und sie bestellen und sie trinken … Immer weiter und weiter. Doch irgendwie muss Herbert davon Wind bekommen haben und wird einfach nicht so betrunken, wie sie es gerne hätten. Stattdessen müssen sie aufpassen, dass

sie nicht vor ihm total betrunken sind und wirklich nicht mehr fahren können.

Siggi ist der erste, der die Notbremse zieht. Er nimmt sich die anderen zur Seite und erklärt, dass Herbert ja zwischendurch noch arbeiten war und es deshalb unmöglich ist, dass er sie jetzt überholen kann.

„Ja, und was machen wir jetzt?", wird Siggi gefragt.

„Wir brauchen eine Wand von den Leuten, die mit dem Taxi heimfahren können, damit die anderen am letzten Fenster neben der Toilette entkommen können."

Und so machen sie es. Sie verschwinden alle aus dem letzten Fenster der Kneipe. Als es Herbert bemerkt hat, sind sie schon alle weg. Herbert lässt sich um ca. 01:00 Uhr mit dem Taxi nach Hause fahren. Heinz fährt wie öfters den Dienstwagen auf den Parkplatz des Büros von Herbert und am nächsten Tag lässt sich morgens Herbert zum Hotel Tritz fahren, um dort den Schlüssel von Büro und Dienstwagen von Heinz in Empfang zu nehmen. Heinz fährt ihn dann selbstverständlich zu seinem Büro im Oberdorf.

Und wieder ist die Kneipe voll ... Herbert sitzt wieder mit Eier-Jupp an seiner Stelle neben der Türe. Er sieht die gleichen Leute an der Theke wie an dem Tag, wo alle aus dem Fenster sprangen.

„Na?", sagt er in die Runde. „Wollt ihr wieder aus dem Fenster?"

Alle lachen. „Nein, das ist doch das erste Bier heute ..." usw.

Herbert fragt: „Was denkt ihr euch eigentlich dabei? Gut, auf der Straße ist nichts los, also könnt ihr keinen totfahren, aber ihr könnt euch selber totfahren! Denkt mal drüber nach! „

„Ja", kommen sofort Antworten. „Wenn wir so brav wären, wie du sein solltest, dann wären wir brav!"

„Ok", sagt Herbert, „ihr sauft jetzt weiter und wenn Heinz die Kneipe schließt, dann fahre ich mit dem Streifenwagen vor! Mit Blaulicht! Wir bringen dann jeden einzelnen in Kolonne nach Hause! Sollte einer aus der Kolonne ausbrechen, ziehe ich sofort den Führerschein ein!"

Alles guckt sich gegenseitig an. „OK, Deal!"

Das versprechen sich alle gegenseitig. Wenn einer die Kolonne vorzeitig verlässt, wird ihm durch Herbert der Führerschein abgenommen!

So machen sie es. Und um 1:00 Uhr wird die Letzte Runde eingeleitet, eine halbe Stunde später ist die Kneipe leer.

Doch jetzt greift die Rache von Herbert! Er fährt vor, macht sein Blaulicht an und alle anderen folgen ihm nacheinander.

Am nächsten Tag sitzt wieder jeder an seinem Platz doch irgendwas ist anders.

Heinz fragt Herbert: „Wieso sind so wenig Autos auf dem Parkplatz?"

„Tja", sagt Herbert. „Ich habe den ersten erst um 4:00 Uhr aus der Kolonne gelassen! Jetzt machen sie Fahrgemeinschaften oder lassen sich bringen. Denn für manche war die Nacht um 5:00 Uhr schon wieder um!"

Die Sirene geht schon wieder. Heinz und Käthe haben wie gewohnt Hochbetrieb in der Kneipe … aber Heinz muss in den Einsatz. Da gibt es kein Zögern und auch keine Diskussion! Man muss dabei sagen, dass Kürten weit von Autobahnen entfernt liegt, deshalb ist jeder im Dorf sehr gut organisiert. Genauer heißt es, dass jeder in einer guten

Nachbarschaft lebt oder sich in Vereinen engagiert. Wenn man ein Problem hat, dann ruft man mal ganz schnell die Nachbarschaft zusammen, oder bei großen Schwierigkeiten ruft man den Kegelclub oder den Sportverein. Doch wenn jemand die Feuerwehr ruft, dann hat er/sie, ein Problem, was nicht warten kann! Wenn jemand die Feuerwehr ruft, dann ruft er im Rathaus der Gemeinde Kürten an. Dort wird aufgenommen, was wo passiert ist, und das wird dann an Willi Dahl weitergegeben ... Der Beamte vom Rathaus ruft also bei der Familie Dahl an. Von Willi oder seiner Frau Else Dahl wird jetzt die Sirene laufen gelassen. Heinz hört die Sirene und ruft sofort bei Dahls an. Willi Dahl rennt zur Garage, wo das Löschgruppenfahrzeug steht und schreibt als erstes auf die Schwarze Tafel, wo der Einsatzort ist. Derweil sitzt Else am Telefon und wartet Anrufe der Feuerwehrmänner ab, um ihnen zu sagen, wo es brennt. Auch Heinz ruft bei Else an und fragt, wo er hin soll ... Nach in Erfahrung bringen der Einsatzstelle fängt Heinz so wie alle anderen an, Er macht sich mit seinen Sachen auf den Weg. Er hat einen „Schwarzen Max", das sind Schwarze Feuerwehrsachen, die zum größten Teil aus Baumwolle bestehen, Gummistiefel und den Feuerwehrhelm. So rennt er auf die Straße und hält den nächsten Wagen oder Motorradfahrer an. „Fahr mich mal ganz schnell nach Kürten. Da brennt wohl ein Gehöft." So werden er und alle anderen zum Einsatzort gebracht. Diesmal ist es eine große Scheune. Sie brennt, nicht im Vollbrand, aber sie brennt. Willi ist Gemeindebrandmeister und geht eine Runde um die Scheune, um zu sehen, was noch alles an Arbeit auf die Feuerwehr zukommen könnte. Derweil begehen AB und Heinz die Scheune. AB läuft vor und Heinz hinterher. Gegen den Qualm hält man sich einen in einer Pfütze getränkten nassen Lappen vor's Gesicht. Sie gehen eine Treppe in die Tenne hoch und sehen sich um. Dort oben unterm Dach wird der Qualm immer dichter, obwohl noch niemand ein Strahlrohr aufgedreht hat. Die anderen sind momentan damit beschäftigt, eine Leitung, von einem Hydranten bis zum Fahrzeug und eine andere Leitung vom Fahrzeug zur Scheune zu legen. AB will einmal über den ganzen Speicher laufen, um zu sehen, dass wirklich niemand mehr darin ist. Doch auf einmal brechen unter ihm zwei Dielen durch. Und AB fällt in die Tiefe. Er kommt im Erdgeschoss aus. Der Rückzug durch die Türe ist ihm vom Feuer versperrt und auch kein Fenster ist zu sehen …

Heinz bleibt stehen, guckt runter zu AB und ohne zu zögern springt er hinterher. Er fragt AB, ob er sich was getan hat, ob er sich beim Fall verletzt habe.

AB schüttelt den Kopf. Er sagt: „Nö! Alles super bei mir! Du weißt, dass wir beide jetzt in der Falle sitzen? Es ist ja schön und auch äußerst kameradschaftlich, dass du mir nachgesprungen bist, aber es wäre vielleicht sinniger gewesen, die anderen zu rufen, dass mir einer mit der Leiter zu Hilfe kommen könnte."

Heinz guckt ihn verdutzt an und erwidert: „Jetzt, wo du es sagst, muss ich sagen, hast du recht!" Er fängt langsam an, über sich selbst zu lachen.

AB und Heinz, sind eigentlich vom Feuer eingeschlossen. Der einzige Raum, der noch nicht brennt, scheint der zu sein, worin sie beide sich derzeit befinden.

AB sieht, wie Heinz sich über seine Tollpatschigkeit amüsiert. Er guckt verwundert und fragt ihn: „Alles klar?"

Heinz sieht ihn an und sagt: „AB, wir beide waren doch im Krieg? Dann ist das doch jetzt nur Spielerei. Oder?"

AB lacht: „Ja, da hast du verdammt recht!"
Und beide fangen an über die Tollpatschigkeit von Heinz zu lachen. Sie lachen so laut, dass die Männer draußen das Gelächter hören und die beiden mittels einer Leiter retten können.
Sie stehen mit der Leiter über ihnen, in dem Raum, von wo sie durch die Decke hindurch gebrochen sind. und setzen so schnell wie sie können die Leiter an, damit Heinz und AB aus diesem Raum gerettet werden können, doch AB und Heinz geben sich so ganz langsam an die Leiter und lassen sich unter tränendem Lachen Zeit, die Leiter hochzuklettern … Alle schreien sie an: „Nu macht doch endlich! Wir müssen hier raus. Das Feuer wartet nicht auf uns!"
Da antwortet AB: „Erst mal können vor Lachen!"

Kapitel 20: Heti hat 'en Neuen ...

Heti besucht regelmäßig die Waldmühle. Sie hat ja ihren Blumenladen in Hamburg, aber ohne Richard und ihre Tochter Elisabeth ist alles anders. Sie hat alles verloren, was sie zum Leben brauchte. Alle ihre Geschwister unterstützen sie, wie sie nur können. Alle sind erstaunt und sehr stolz, dass sie dieses Leben überhaupt mitmachen kann. Seien wir mal ehrlich, ihre große Liebe bringt sich an der Front um und ihr einziges Kind stirbt an einer Familienkrankheit. Wie hält ein Mensch nur solche Schicksalsschläge aus?

Sie ist gerne in Kürten, weil bei Heinz in der Kneipe kein Auge trocken bleibt. Bei Tritz ist immer High Life! Das lenkt sie unheimlich von ihrem Schmerz ab. Unter den Vertriebenen sind ab und zu auch Leute, die einfach nur in Kürten ein neues Zuhause in Ruhe suchen. Ohne vertrieben zu sein. Darunter ist jemand, er kommt aus Hamburg ...

Er hat sich in Waldmühle ein Grundstück gekauft und baut gerade sein Haus darauf.

Bei einem erneuten Besuch von Heti wollen Heinz und Käthe ihr den Mann aus Hamburg vorstellen. Sie haben ihm schon vorher gesagt, dass sie auch Verwandtschaft in Hamburg wohnen haben ... Sie haben ihm erzählt, dass Heti einen Blumenladen in Hamburg führt, doch er kennt sie wohl nicht. Er hat bei der Oper in Hamburg gearbeitet. Er war für die Bühnentechnik zuständig. Er war dort als „Wolkenschieber" tätig. Er hat wohl auch Einkäufe für die Oper getätigt, unter anderem auch Blumen gekauft. Doch Heti kennt er nicht. Heti kommt also mit Bus und Bahn in Kürten an und Heinz und Käthe stellen ihr den Unbekannten Herrn aus Hamburg vor. Heti und der „Unbekannte" sehen sich mit großen Augen an! Wobei man sagen muss, dass er eine so große Brille trägt, dass seine Augen immer riesig sind! Er spricht sie sehr höflich und unwahrscheinlich erstaunt mit lang gezogenen Worten an: „Guten Tag, Frau Hardwig." Und er verbeugt sich beim Handgeben. Sie steht mit offenem Mund genauso erstaunt vor ihm und stammelt: „Der Wolkenschieber ...„

Er hat bei ihr immer die Blumen gekauft. Doch kannte er sie nur unter dem Namen Hardwig. Er hat einfach keine Brücke zu Tritz schlagen können ...

Er ist nicht der Schönste, er ist nicht gerade groß, er hat eine unheimlich große Brille, denn er ist fast blind. Aber er darf Auto fahren! Warum auch immer? Und dabei gesagt, ist er der wohl schlechteste Autofahrer ever! Ever! And Ever! Er hat einen kleinen Mercedes-Flitzer. Aber da er eigentlich gar nichts sieht, fährt er so langsam wie noch kein Mensch zuvor! Wenn er dann mal durchs Dorf fährt, sagen alle: „Da kommt die Blindschleiche!" Und lachen sich über ihn kaputt. Aber er ist ein herzensguter Mensch. Er ist immer ehrlich und vor allem treu! Er heißt Paul. Und er bändelt mit Heti an. So kommt es, dass Paul, der Schwerenöter, sich allen Mut zusammengepackt hat und auf einmal in der Kneipe von Heinz steht.

„Ist Heti da?", fragt er mit trockener Stimme. Heinz geht amüsiert in die Küche und fragt Käthe, wo Heti gerade ist. Käthe geht hinter die Theke und sagt zu Paul, dass Heti jeden Moment wiederkommt.

Käthe fragt: „Warum?„

Paul, sichtlich nervös: „Ich habe sie zum Essen eingeladen!"

Käthe: „Was? Hier bei uns? Oder was?"

„Nee, nee ... ich fahre mit ihr nach Bergisch Gladbach", sagt er ihr und man sieht bei seiner Antwort seine riesigen Augen hinter dieser wohl mehrere kg schweren Brille.

Käthe: „Wie kommt ihr denn da hin? Fahrt ihr mit dem Bus?"

Paul: „Nein! Ich habe doch ein Auto!"

Heinz hört man aus der Küche lachen: „Käthe, sag ihm, dass Gaspedal ist rechts! Außerdem wäre es besser, wenn er sein Date verschieben würde. In fünf Stunden ist es dunkel und Bergisch Gladbach liegt halt eben 15 km weit entfernt."

Paul weiß, dass er gerade schön verarscht wird. Er versucht sich nichts anmerken zu lassen, doch wird er sichtlich rot. Und da kommt auch schon Heti zur Tür herein. Sofort sieht sie Paul da stehen und fragt ihn: „Paul, ist dir nicht gut? Du siehst so rot aus?"

In dem Moment rennt Käthe wieder wortlos in die Küche.

Paul zu Heti: „Wir sind doch heute verabredet?"

Heti: „Ja, ich warte schon die ganze Zeit auf dich."

Paul atmet tief aus und hält ihr zwei Röschen vors Gesicht: „Guck mal, ich hab was für dich. Und jetzt komm mit, ich habe da noch was vorbereitet."

Sie gehen raus und wie ein Gentleman öffnet Paul der Heti die Beifahrertüre. So fahren sie los, Richtung Bergisch Gladbach. Und er will ihr zeigen, wie er fahren kann. Heti hat überhaupt keine Ahnung vom Auto, für sie ist es ein Wunder der Technik, dass dieses Vehikel überhaupt rollt. Doch Paul gibt Gas und tritt die Karre. Er schneidet jede Kurve und schaut immer wieder zu Heti rüber. Mit einer Hand am Lenkrad und der anderen an der Gangschaltung ...!

Er sieht, wie aufgeregt Heti neben ihm sitzt... Paul kann natürlich die Anspannung seiner Beifahrerin spüren. Um sich noch interessanter vor Heti dar zustellen, lässt er den Motor aufheulen...! Und noch einen Gang höher! Er fühlt sich wie ein Rocker, der seinen Asphalt Hobel durch die Bergischen Kurven peitscht. Was er nicht mitbekommt ist, dass hinter ihm eine etwas größere Autoschlange immer wieder von ihm ausgebremst wird. Der restliche Verkehr fühlt sich von Paul echt verarscht. Sie fragen sich zu Recht, warum er, wenn er schon so langsam fährt, nicht mal Platz macht? Stattdessen fährt er auch noch teilweise auf beiden Spuren. Doch Paul bekommt von all dem nichts mit und fühlt sich immer noch, als sei er der schnellste. Doch soll diese kleine Welt nun endgültig zusammen brechen. Denn der Fahrer, der hinter Paul und Heti herfährt, erdreistet sich doch glatt, den Paul mit seinem „Teilchenbeschleuniger" zu überholen! Paul schaut dem Überholenden geschockt nach. Er bekommt kein Wort raus. Er sieht nur, dass das Fahrzeug vor ihm immer kleiner wird. Er ist mit normaler Geschwindigkeit unterwegs, doch Paul, der ja nix sieht, kriecht weiter auf der Straße Richtung Bergisch Gladbach. Er ist außer sich vor Wut. Er flucht und schreit! „Wenn ich den in die Finger kriege ... Der kann was erleben!" Und siehe da, der Wagen, der Paul überholt hat, steht an einer roten Ampel in Bergisch Gladbach am Victoria-Kino. Paul hält hinter ihm an und springt sofort aus dem Auto. Er rennt zum vorderen Auto, reißt die Fahrertüre auf und schreit den Fahrer an: „Bist du verrückt? Wie kannst du mich überholen? Ich habe eine Frau im Auto! Du Wahnsinniger!"

Da steigt der Fahrer aus. Paul ist ca. 1,60 m groß und ca 55 kg schwer. Der Fahrer, den er gerade so schön zur Sau gemacht hat, den er so laut angeschrienen hat, dass sich alle Passanten zu ihm umdrehen mussten, springt aus dem Auto und steht mit einem Satz vor Paul! Er ist ca 1,90 m groß und wiegt mindestens 110 kg! Er sieht von oben runter zu Paul und fragt mit dunkler rauer Stimme: „Gibt's ein Problem?"

Paul dreht seinen Kopf verschämt und langsam nach oben. Durch seine Anspannung und mit der Angst, sich jetzt noch eine Ohrfeige von diesem Hünen zu fangen, zittert auch noch ein Auge von ihm. Er will die Sache jetzt nicht eskalieren lassen und schüttelt nur ganz vorsichtig seinen Kopf. Doch der Ärger ist noch nicht vorbei. Während er so vor dem Hünen steht, rollt sein Mercedes-Flitzer los. Er hat vergessen, die Handbremse anzuziehen ... Und Heti hat, wie gesagt null Ahnung, von Autos. So rollt das Auto von Paul ungebremst auf den Wagen des Hünen!

Der Hüne flippt aus! Jetzt macht er ganze Sache ... Da auch er von Paul schon seit der ganzen Fahrt nach Bergisch Gladbach genervt ist, sich dann noch von ihm auf der Straße hat zur Sau machen lassen und es jetzt auch noch zu diesem kleinen Blechschaden kommt, ist er auf hundertachtzig! Aber vollkommen! Er packt Paul am Kragen und zieht ihn mit einer Hand so weit nach oben, dass Paul den Boden unter den Füßen verliert. Am langen Arm, unter dem Gelächter der Leute, schleppt er Paul zu den beiden Stoßstangen. Der Hüne stellt ihn ab und schreit ihn an: „Ist das dein Ernst? Du Vollidiot! Was erlaubst du dir? Hau bloß ab und lass dich nicht mehr sehen!"

Diese Schmach ist so groß, dass der Hüne unter dem Lachen der Passanten von jeglichem absieht. Er holt keine Polizei, er will den Schaden auch nicht bezahlt haben. Paul steht wie ein armes kleines Männchen vor den Autos und möchte am liebsten im Erdboden versinken.

So ist der Streit vorbei. Beide steigen in ihre Autos und fahren von dannen.

Man sollte meinen, dass Heti nun auch von ihm die Nase voll hätte ... Doch weit gefehlt! Denn sie wünscht sich keinen Perfekten. Sie wünscht sich keinen Macho. Sie will auch keinen Helden mehr, der wie ihre große Liebe an der Front stirbt. Sie wünscht sich einen Menschen, der sie versteht und einfach nur in ihrer Nähe ist. Nicht mehr und nicht weniger. Und das ist Paul halt eben. Er bringt das alles mit und wohnt demnächst auch noch in der Nähe ihres Bruders ... Einen besseren gibt es also nicht!

So ziehen nach Fertigstellung des Hauses im Sterntalerweg Paul und Heti zusammen. Man könnte sogar sagen, dass sie eine wilde Ehe eingehen... Denn heiraten werden sie nie.

In Kürten wird derweil immer weiter nach vorne geschaut. Man vergisst zwar nicht den furchtbaren Krieg, aber man lässt sich auch nicht von ihm ausbremsen ... Manche geben ihren Kindern, auch wenn sie nach 1945 geboren werden, immer noch den Vornamen „Adolf". Und das nicht, weil sie überzeugte Nationalsozialisten sind, oder waren. Nein, weil man einfach die Schnauze voll hat, dem Alten nachzurennen. Und darüber hinaus entwickelt sich Deutschland zu einem Wunder. Die deutsche Nation ist so fleißig, dass sie den Marshallplan als Sprungbrett nimmt und das Land wieder wirtschaftlich nach ganz vorne bringt. Aus den Siegerländern werden zwar kleine Neckereien dem deutschen Volk auferlegt, wie z.B., dass nur auf Ultrakurzwelle gefunkt werden darf ... England hat alles, was an Maschinen in Deutschland noch zu gebrauchen ist, mitgenommen. Doch die Deutschen sind besser! Sie haben die Not zur Tugend gemacht. Die Ultrakurzwelle hat sich zum Beispiel durch die Arbeit der Deutschen durchgesetzt. Die veralteten Maschinen, die sie an England abgeben müssen, werden um Längen verbessert und aus eigenen, dadurch entstehenden Fabriken neu gefertigt. Es ist ein vollkommen neues Land entstanden. Man muss sich das mal vorstellen. Das Land ist 1945 total zerbombt und auf dem Boden gewesen! Keiner hat freiwillig einen Fuß ins Land gesetzt. Es waren ja die bösen Deutschen! Doch haben sie es doch tatsächlich geschafft, neun Jahre später, 1954, die Fußball-Weltmeisterschaft in Bern zu gewinnen! Und im gleichen Jahr hat Mercedes Benz mit seinen Silberpfeilen die schnellsten Autos der Welt hergestellt!

Und auch in Kürten wird fortschrittlich gedacht. Theo Konstantin, der im Krieg noch bei der Leibstandarte war, arbeitet jetzt in seinem alten Beruf als Schäfer und da er immer noch Gardemaß hat, wird er von mehreren Bekleidungsfirmen als Model gebucht …

Hagen Tritz aus Hamburg hat es so weit geschafft, dass er jetzt, auch wenn er nicht auf der Pamir mitgesegelt ist, kurz vor'm Kapitänspatent steht. Er hat mittlerweile geheiratet und seine Frau erwartet ein Kind. Doch er bleibt der Filou. Er ist weiterhin der Draufgänger. So kommt es beim Baden an einem Stausee zum Unfall. Er und ein paar Freunde springen, höchstwahrscheinlich als Mutprobe, von einer Brücke in eine Schleuse und Hagen ertrinkt. Sie beerdigen ihn in Lücho. Sein Vater Hans hat vorher so viel mitmachen müssen, er musste seine Frau zurücklassen, als er in den Krieg zog. seine Tochter Meike ist im alter von 5 Jahren nach einer schweren Krankheit gestorben. Das hat ihn sehr mitgenommen. Er musste sie zu Grabe tragen, aber jetzt, wo sein Filou Hagen geht, das ist einfach zu viel für ihn. Als er mit seinem toten Sohn den letzten Weg geht, wird er schlagartig 20 Jahre älter. Er wird nie wieder der Hans sein, den seine Geschwister kennen. Und auch seinen anderen Sohn Volker hält nichts mehr in Deutschland. Er geht mit FORD nach Amerika. Er nutzt den Job dazu, in Amerika ein neues Leben anzufangen. Er arbeitet ein paar Jahre in der Autofabrik von Henry Ford. Dann geht er nach Seattle, macht den Flugschein und fängt als Agrar-Flieger neu an. Er baut sich eine eigene Farm auf und fängt an Mustangs zu züchten. Er ist wie die ganze Familie, er arbeitet hart und baut sich mehrere Häuser, die er alle vermietet.

In Ukerath hat sich Willi niedergelassen und arbeitet als Architekt. Sepp wohnt mit Elfriede im neu gebautem Haus in Kürten Dürscheid. Er ist immer noch bei Bayer als GALA-Bauer beschäftigt und legt dort den Japanischen Garten an. Hermann hat mit Uschi ein Haus in Schlebusch bezogen und arbeitet ebenfalls bei Bayer.

Heinz ist in Waldmühle und hält weiter den väterlichen Betrieb aufrecht. Eher gesagt, der Betrieb läuft besser als je zuvor. Und schon wieder im Hochbetrieb geht das Telefon und Heti ist am anderen Ende: „Heinz, komm schnell zu mir, der Paul hat gesoffen und wird ganz anders", sagt Heti verweint ins Telefon.

Man darf mit Heinz alles machen, außer in sein Gesicht fassen oder jemanden aus seiner Familie beleidigen oder angreifen. Dann gibt's kein Halten mehr. Er wird zur Wildsau …!

So legt Heinz den Hörer auf und spurtet durch Waldmühle zu Heti. Sie macht ihm die Türe auf und Heinz greift ohne zu fragen Paul an, er packt ihn am Kragen und schreit

ihn an: „Hast du ein Problem? Schlägst du Frauen? Schlägst du meine Schwester?"
 Paul steht wie versteinert vor ihm und sagt keinen Ton. Heti setzt sich entspannt in den Sessel. Heinz schreit Paul erneut an: „Lass das sofort sein. Du Schiffschaukelbremser!" Und er schubst ihn aufs Sofa. Danach dreht er sich zu Heti und fragt: „Ist alles in Ordnung? Ich muss wieder rüber. Willst du mit oder geht das jetzt hier?"
 Heti: „Nein, ich glaube er hat es verstanden. Ich bleibe hier."
 So macht sich Heinz wieder zurück zum Hotel. Paul bleibt weinend auf dem Sofa sitzen.
 Heti zu Paul: „Warum bist du denn noch am Weinen? Heinz hat dich doch noch nicht mal geschlagen."
 Paul seufzt: „Was bildet sich dein Bruder eigentlich ein? Ich bin kein Schiffschaukelbremser! Ich bin ein Wolkenschieber!"

In Kürten wird alles gefeiert. Naja, man nennt es nicht immer feiern, aber es kommt immer auf's Gleiche raus. Es fließt am Ende Alkohol. Und das nie zu knapp! Beerdigungen werden zwischen 8:30 Uhr und 9:30 Uhr morgens abgehalten. Dass die frühe Uhrzeit was mit dem Reueessen zu tun haben soll, damit man halt eben länger am Tag das Fell versaufen kann, ist natürlich NUR böse Unterstellung!
 So kommen abends um 20:00 Uhr zwei Gäste ins Hotel, im schwarzen Anzug. Leicht betrunken, aber noch Herr ihrer sinne. Käthe steht hinter der Theke. Sie kennen sich alle, es handelt sich um Heinrich Rappelkamp, auch genannt Rappels Hein und Werner Kirchner. Käthe fragt die beiden, wo sie herkommen.

Rappels Hein sagt: „Wir kommen gerade von der Beerdigung."
Käthe: „Soso! Gerade eben also …?"
Beide, leicht irritiert und auch ein bisschen beschämt, nicken ab. „Ja, wir waren zwischendurch noch woanders."
Sie setzen sich an einen Tisch in der Ecke und bestellen zwei Kölsch. Nach der vierten Runde kommt es zum Explizier … Die beiden schreien sich kurz an und zack, da haut Werner Kirchner Rappels Hein einen Glasaschenbecher auf den Kopf. Käthe, sichtlich sauer, rennt mit einer Bierflasche zum Tisch und schlägt Werner die Flasche auf die Stirn. „Schluss hier!", schreit sie die beiden an.
Beide werden aufgefordert zu zahlen und des Lokals verwiesen. Am nächsten Tag, kommen beide um 10:00 Uhr mit einem Strauß Blumen von hinten in die Küche und entschuldigen sich bei Käthe. Käthe freut sich über die Blumen und hebt selbstverständlich das Lokalverbot für beide auf.
Nach einer Zeit fragt sie die beiden, warum sie sich überhaupt in die Haare gekriegt haben? Da wird Werner wieder laut: „Der Typ hat behauptet, dass ich nicht auf der Beerdigung seines Vaters vor 30 Jahren dabei gewesen sein soll!"
Sofort schreit Rappels Hein mit los: „Du blöder Hund!"
Und beide fangen sofort wieder an zu raufen. Käthe drückt beide aus der Küche in den Hof und macht die Küchentüre von innen zu.

Kapitel 21: Heinz baut selber ...

Heinz baut und schweißt die Heizung selber. Hilfe bekommt er von Käthes Vetter Hermann. Dieser kommt aus Maulbach in der Hocheifel. Käthe ist mit ihm groß geworden. Er hat ein Haus neben dem elterlichen Hof gebaut und wohnt dort mit seiner Frau Hilde. Maulbach ist ein wenig weit vom Schuss ab. Will man Wurst kaufen, muss man in das weit entfernte Houverath. Über die hohen Berge und tiefen Täler, zu fuß, wäre man ganz und gar aufgeschmissen. Deshalb kann man sich freuen, wenn man ein Fahrrad besitzt. So kommt man nicht an jener Geschichte vorbei, die sich in den 40er Jahren abgespielt haben muss.

Dort, im Wald, zwischen Maulbach und Houverath, ist ein kleines Gebetshäuschen. Darin steht die Statue vom Heiligen Antonius. Da er darin sehr dick abgebildet ist, nennt jeder das Häuschen und auch ihn selber „der Dicke Tünn".

Käthe und Hermann werden nach Houverath geschickt, Fleisch und Wurst holen ... Sie fahren mit einem Fahrrad. Hermann fährt und Käthe sitzt auf dem Gepäckträger. Nachdem sie die Waren eingekauft haben, setzten sie sich wieder Richtung Maulbach in Bewegung. Diesmal fährt Käthe und Hermann sitzt auf dem Gepäckträger. Auf Höhe des Heiligen Antonius nimmt Hermann eine Scheibe Fleischwurst raus und schmeißt sie in Richtung der Statue. Gleichzeitig ruft er: „Hier, dicker Tünn, haste auch was zu fressen" und lacht ... Kaum hat die Fleischwurst den Boden berührt, da platzen beide Reifen des Fahrrads! Sie beide fallen auf den lockeren Waldboden. Verdutzt schauen sich beide mit aufgerissenen Augen an. Käthe: „Das ist jetzt nicht wahr?"

Hermann: „Das glaube ich jetzt auch nicht!"
Käthe zu Hermann: „Sag mal, spinnst du? Wie kannst du den dicken Tünn beleidigen?"
Hermann ist fassungslos. Doch jetzt müssen sie trotzdem nach Hause. So fangen sie an, das Fahrrad zu schieben. Und es wird immer schwerer. Es hält sie aber nicht davon ab, über diesen Fauxpas ausgelassen zu lachen. Doch das Fahrrad wird nicht leichter. Für diesen letzten Kilometer brauchen sie eine ganze Stunde.
Hermann ist Gas-Wasser-Installateur. Und so hilft er Heinz und Käthe in Kürten die Heizung zu bauen. Hermann baut die Leitungen und Heizkörper vor und Heinz, der Schlosser, schweißt diese mit Gas-Sauerstoff (Autogen) zusammen. Während des Schweißens kann man nur die Schweißstelle sehen. Den Rest kann man nicht mitbekommen. So kommt es des Öfteren zu dem Fall, dass rund um ihn alles brennt. Und immer wieder schreit Hermann auf: „Stopp! Eimer Wasser! Eimer Wasser!"
Und das Glück ist mit den Doofen! 20-mal Glück gehabt!
Heinz baut natürlich auch selber weiter. Mittags, wo noch nicht so viele Gäste da sind, arbeitet er über der Gaststätte. In der Kneipe sitzt ein Gast am Tisch. Ihm ist langweilig, er döst ein wenig vor sich hin, trinkt ab und zu an seinem Kölsch… Heinz ist im Raum über ihm am Arbeiten. Was er genau macht, wird er nie sagen. Jedenfalls reißt die Schwere Hängelampe aus der Decke und mit einem riesigen Knall landet sie bei dem Gast auf dem Tisch. Er schreckt auf und rennt geschockt aus der Kneipe. Er schreit durch ganz Waldmühle: „Der Tritz will mich umbringen! Hilfe, Hilfe!"
Heinz rennt ihm nach um ihn zu beruhigen…

Die Gaststätte ist eigentlich immer voll. Man fragt sich, warum? Es gibt so viel Konkurrenz in Kürten... Warum man sich hier trifft ...? Es hat wohl damit zu tun, dass es ein Familienbetrieb ist und jeder sich als Familienmitglied betrachtet. Oder es gibt dafür Gründe, die man schlecht definieren kann. Mittagspausen werden meistens eigentlich immer an der Theke im Hotel Tritz abgehalten. Und wenn man meint, dass sich jemand um ein Alkoholverbot während der Arbeit schert, weit gefehlt! Im Dorf wird verhältnismäßig viel Alkohol konsumiert. So redet man mittags von diversen Morsezeichen, die aus Eichof her zu sehen sind. Doch handelt es sich hierbei tatsächlich um das Licht eines Fahrrades. Genauer um das Dienstrad des Postzustellers. Er schiebt dieses Fahrrad von Haus zu Haus. Da er fast täglich sturzbetrunken ist, schafft er es einfach nicht, das Fahrrad normal zu fahren. So geht das Licht durch das Schieben immer kurz an und erlischt auch genauso schnell wieder. Wenn er dann mit kaltem Schweiß auf der Stirn vorm Hotel sein Fahrrad abstellt, kommt er rein und muss erst mal etwas trinken. Obwohl er schon total betrunken ist, trinkt er sein Bier aus und macht dabei Geräusche, als wäre er fast verdurstet.

Dann gibt es noch den Dreiachser–Hugo ... Er wohnt in Breibach und fährt eine Kreidler Florett. Das ist ein Mofa, was vom Werk aus fast 50 km/h schnell fährt. Er hat eine Karre an einer Anhängerkupplung immer an seiner Florett. Er hat sich so dran gewöhnt, dass er durch die Karre wie mit Stützrädern gehalten wird. Da die Karre eine Achse hat und die Florett bekanntlich zwei Räder besitzt, nennen ihn alle „Dreiachser-Hugo". Er ist nicht gerade der einfachste. Er erzählt, was er immer alles zu tun hat, aber meistens hält er sich im Hotel Tritz auf. Der Dorfpolizist Herbert und

Dreiachser-Hugo kriegen sich fast täglich in die Haare. Jeder sagt dem anderen nach, wie faul er wohl ist. Daher dieser Streit, den man fast schon als Hassliebe nennen kann.

So kommt es fast tagtäglich zu diversen Schlagabtäuschen. Herbert muss sich wiedermal alle möglichen Vorurteile von Hugo gefallen lassen. Doch die Retour lässt nicht lange auf sich warten.

Man muss dabei sagen, dass Herbert ja bei der Polizei ist. Das heißt, dass er von Berufswegen nicht dumm sein kann. Er hat eine Art an sich, die es ihm erlaubt, recht wenig Anzeigen schreiben zu müssen. Er regelt die Dinge oft so, dass die Leute, die einen Fehler gemacht haben, von ihm ins Lächerliche gezogen werden und so eine hohe Schmach der Mitmenschen aushalten müssen. Er schafft es, dass sie und der Rest die Momente sehr schwer vergessen, und das ist Strafe genug für sie.

So ist mal wieder Dreiachser Hugo in seinen Fokus gefallen. Nachdem Hugo mal wieder versucht hat, Herbert wie blöd dastehen zu lassen, hat Herbert ihm ein Warnschild an der kleinen Karre, der Kreidler, angebracht. Darauf steht, groß und breit „Long Vehikel". Vier Tage lang fährt Hugo mit diesem Schild durchs Dorf. Erst am fünften Tag kommt er ins Hotel Tritz und sagt: „Jetzt kann ich mein Motorrad nicht mehr nachts draußen stehen lassen. Irgendjemand hat mir diese Nacht ein Schild ans Krad geschraubt."

Und schon wieder fängt Hugo an, Herbert zu ärgern. Heinz sagt ihm noch, dass er damit aufhören soll. Doch Hugo macht weiter. Herbert sitzt daneben und sagt nichts. Das ist immer ein ganz schlechtes Zeichen! Irgendwann ist Hugo mit seinen Beschimpfungen gegen Herbert und der

Polizei fertig. Er zieht sich seine Lederjacke an und geht raus an seine Kreitler. Sofort wird Herbert hektisch. Er signalisiert hämisch lachend den anderen, dass alle Hugo nachgehen sollen. Hugo setzt sich auf seine Kreitler und fährt langsam los. Er hat Trachtenschuhe und Knickerbocker an. Er trägt eine Fliegerlederjacke. Und da keine Helmpflicht besteht, hat er eine Pilotenledermütze mit der dazu gehörigen eckigen Fliegerbrille mit diesem Schwarzen Rand an. Kurz gesagt, er hat mich immer an eine Figur von Walt Disney erinnert! So will er also losfahren. Doch hat er nicht gemerkt, dass Herbert, bevor er das Hotel Tritz betreten hat, den Anhänger von der Kreitler abgekoppelt hat. Da sie ihm immer als Stützräder gedient hat, setzt Hugo nie seine Füße auf den Boden. Er kommt mit seiner Kreitler, ohne die Karre, die normalerweise das Gespann stützt, ca. drei Meter bis zur Straße. Dort will er sich in den Straßenverkehr einfädeln. In diesem Moment fällt ihm auf, dass jemand seine Karre abgekoppelt hat, aber es kommt ihm nicht die Idee, einfach den Fuß auf die Straße zu stellen, dies ist eine Bewegung, die er einfach zu selten ausübt. So steht er an der Straße, fest an seine Kreitler geklammert, zu den im Eingang des Hotels versammelten Leuten rüber schauend mit einem hasserfüllten Gesicht und diesem dazu gehörigen lang gezogenen und vorwurfsvollen Kampfschrei ... fällt er wie in Zeitlupe um.

Herbert setzt sich weinend vor Lachen auf die Eingangsstufen des Hotels.

Dann haben wir noch den „Kaufmann-Dahl" ... Er hat einen Bauchladen. Das ist ein Koffer mit einem Riemen, den er um den Hals hängen hat und wenn er was verkaufen will, macht er den Koffer auf, die Unterseite hängt waagerecht und die andere Seite bleibt an der Brust hängen. Der

Kunde kann sich so ein vollkommenes Bild der Waren machen. Dadurch hat er die Hände frei, um die Waren, von Schnürsenkel bis Fingerhut, dem Kunden vorzuführen oder anzupreisen … Er benimmt sich äußerst professionell, doch hat er es mit den Preisen nicht so. Er macht keine Witze und nimmt seinen Job sehr ernst. Aber, zum Vergleich, ein Glas Bier kostet 1,- DM. Er verkauft Schnürriemen für 28 Pfennig. Doch die meisten kaufen bei ihm nichts, da er für seinen Bauchladen zu professionell wirkt und man sich einfach von ihm betrogen fühlt. Des Weitern sieht man, dass er nicht viel verkauft, denn im Koffer sind ewig die gleichen Waren drin. Er steht mal wieder an der Theke im Hotel Tritz und es kommt zu folgendem Dialog. Ein Gast dreht sich zu ihm um und fragt ihn Hämisch: „Herr Dahl, wie machen Sie das eigentlich? Sie verkaufen Ihre Waren ja zu einem Spottpreis."

Kaufmann Dahl sieht ihn an, merkt gleichzeitig, dass der Rest der Gäste gespannt auf eine Antwort wartet und auch auf weiteren Dialog gespannt ist. Da sagt er ohne mit der Wimper zu zucken: „Die Masse macht's!"

Sofort bricht Gelächter los …!

Dann gibt es da noch den Blohme, Hans Blohme, um genau zu sein. Er ist selbstständiger Zimmermann und kommt aus Krefeld. Warum er sich in Kürten niedergelassen hat, weiß keiner, er hat allerdings seine Kundschaft auch noch in Krefeld und Umgebung. Unter anderem hat er von dort einen Auftrag bekommen, einen verstorbenen Pfarrer aus Krefeld nach Lüdenscheid zu überführen. Ihn hat man dazu ausgesucht, da er einen Anhänger hat, der mit einem Hardtop verschlossen werden kann. So macht er sich auf den Weg, in die Nähe von Krefeld, um den Pfarrer zu holen. Er hat dafür extra seinen Anhänger mit Sägemehl ausgelegt, damit der tote Pfarrer schön weich liegt. Direkt nach dem Einladen setzt sich Blohme mit seinem Auto und dem Anhänger, wo jetzt der tote Pfarrer sanft im Sägemehl ruht, in Bewegung. Von diesem Auftrag weiß höchstwahrscheinlich ganz Kürten, da er es jedem erzählt hat! Es dauert nicht lange, da kommt Blohme mit aufgerissenen Augen in die Kneipe gestürmt! „Wer hat schnell Zeit, mir kurz anzupacken? Ich hab echten Ärger!" So schreit Hans Blohme es in die Runde!

Dreiachser-Hugo und der Rest gucken halb betrunken und halb uninteressiert Richtung Eingang. Dabei warten sie weitere Ausführungen von Blohme ab. Der erklärt ihnen dann langsam, was ihm widerfahren ist: Er ist aus Krefeld mit dem Anhänger losgefahren und wollte nach Lüdenscheid über Kürten fahren. Den Anhänger wollte er mit dem Toten bei sich zuhause eine Nacht stehen lassen und dann weiter nach Lüdenscheid fahren. Der Leichnam soll der Nichte des Pfarrers übergeben werden.

Und jetzt ist ihm doch ein kleiner Fauxpas passiert. So will er von Hommerich nach Sülze fahren, da kommt der Anhänger ins Schleudern und kommt letztendlich von der Fahrbahn ab. Er sieht noch im Rückspiegel, wie sich der Anhänger überschlägt. Das Hardtop bleibt zwar ganz, auch am Rest des Anhängers sind keine nennenswerten Schäden zu sehen. Doch liegt er jetzt da hinten auf dem Kopf. Dreiachser-Hugo fragt: „Was willst du jetzt genau?"

Hans Blohme: „Könnt ihr mir mit ein paar Mann helfen, den Anhänger wieder an mein Auto zu bringen?"

Alle anderen: „Ja, ok, wir kommen mit!"

Gesagt getan … Alle gehen und helfen Hans Blohme. Nach ca. eineinhalb Stunden füllt sich wieder die Kneipe mit denen, die Blohme gerade noch geholfen haben.

Heinz fragt sofort: „Was ist denn passiert? Konntet ihr ihm helfen?"

Alle nicken und fangen so langsam an vom Unfall zu berichten: „Ja, der Anhänger lag auf dem Kopf ... Ja, der Anhänger lag in der Wiese ... Ja, der Anhänger lag ein bisschen weit von der Fahrbahn entfernt ..."

Heinz fragt: „Ist denn jetzt wieder alles gut?"

„Naja", alle schauen sich an. „Wir haben mal dabei geguckt ... wir machten mal den Anhänger auf ... Es war kein schönes Bild ...! Wir wissen nicht, wie er das wieder hin bekommt ...? Der war vollkommen verdreckt. Der war vollkommen mit Sägemehl übersät ..."

Zwei Tage später kommt Hans Blohme in die gut gefüllte Kneipe. Alles schaut ihn an und fragt: „Wie sieht's aus? Hast du den Pastor schon der Familie übergeben?"

Hans Blohme schaut verschämt in die Runde und fängt an zu erzählen: „Tja, Jungs, man darf doof sein, man darf sich nur nicht dabei erwischen lassen! Und man muss sich erst mal klarmachen, dass der Mann tot ist! Er bekommt ja sowieso nichts mehr davon mit! Kommt doch einfach mit und seht ihn euch selber an."

Und, zack, ist die Kneipe wieder leer!

Sie gehen zu ihm nach Hause und dort im Schatten steht der Anhänger, wo der Verstorbene drinliegen soll. Hans öffnet den Deckel und fängt ungefragt an zu erzählen: „Ihr habt ihn doch gesehen? Na? Und jetzt?"

Die Jungs fragen erstaunt: „Wie hast du ihn denn so sauber bekommen?"

„Tja", redet Hans weiter, „ich habe ihn an den Füßen mit einem Strick an unserer Wäscheleine hochgezogen. Und der war vielleicht schwer! Doch habe ich es geschafft.

Alleine! Und wie er dann da hing, habe ich ihn mit dem Gartenschlauch abgespritzt!"

„Wie?", schrecken die anderen auf. „Mit dem Gartenschlauch? Hat das jemand gesehen?"

„Ja", fuhr er weiter fort, „da waren ein paar Kinder am Spielen, die haben mal blöd geguckt ... aber ansonsten niemand! Aber ich habe ja auch noch Glück gehabt, denn zum Aufladen bin ich mit dem Auto und Anhänger einfach wieder rückwärts unter den Pastor gefahren. Er hing ein wenig tiefer, als mein Anhänger ist. Da bin ich ihm erst gegen den Kopf fahren. Ich dachte dann noch, hoffentlich reißt der Kopf jetzt nicht ab. Doch wie ihr seht, ist alles gut gegangen! Und außerdem ist das doch nicht wichtig. Viel wichtiger ist doch jetzt ..." Er zaubert sich selber ein Lächeln ins Gesicht und sagt ganz laut: „Guckt doch nur mal, wie schön er darin liegt, und er stinkt auch gar nicht mehr!"

Ich kann mich noch sehr gut an zwei Gäste erinnern, sie waren so alt wie mein Opa damals. Ich dachte immer, dass sie Brüder seien, Eddi und André.

Beide waren unheimlich muskulös und die witzigsten Menschen die ich damals kannte. André sagte mir zum Beispiel unter anderem, dass er sich ein Hufeisen in den Arm hat implantieren lassen, und spannte seinen Trizeps an. Er sprach für mein Verständnis einen Dialekt, der sich anhörte, als würde er in der Hocheifel wohnen ... Als ich ihn eines Tages drauf ansprach, erzählte er mir, dass er Franzose sei ... Aber eigentlich wäre er ja eher Deutscher!

Da fiel Eddi ihm sofort lachend ins Wort und schrie: „Dann bin ich eher Franzose!"

Ich, der immer noch der Meinung war, dass sie beide Brüder sein mussten, fragte, wie das denn sein könnte. André und Eddi wurden sofort ernst. Sie sahen sich an und erzählten mir Ihre Geschichte:

Das Jahr 1944 befindet sich in der zweiten Hälfte. Eddi ist Frontsoldat in der Deutschen Wehrmacht. Die Einheit wird in den Hürtchenwald verlegt, um ein Großaufgebot der alliierten Streitkräfte zu stoppen. Die Hauptkampflinie (HKL) liegt unweit von seiner Stellung entfernt. Ein strategisch wichtiges Monument stellt eine allein stehende kleine Kirche dar. Diese gilt es, einzunehmen. Unter schlimmstem Feuer versuchen Wehrmacht und Alliierte, diese Kirche zu nehmen und auch darüber hinweg zu kommen um den Feind in die Defensive zu zwingen. André liegt mit seiner französischen Einheit auf der gegenüber liegenden Seite. Sie versuchen genau das gleiche ... Den Feind in die Defensive zu drücken. So liegt André ca 80m von der Kirche entfernt in einem Schützengraben. Er und seine Kameraden sehen, dass die Deutschen gerade die Kirche eingenommen haben und darüber hinaus einen weiteren Angriff auf die Linie starten, wo sich gerade André verschanzt hat. André muss feststellen, dass er keine Munition mehr in der Waffe hat, und alle seine Patronentaschen sind ebenfalls leer. Das einzige, was er hat, ist ein aufgepflanztes Bajonett. So drückt er sich ganz dicht in den Boden und lässt zufällig das Gewehr hoch stehen. Für den Feind sieht es aus, als sei er bereits gefallen. Die Deutschen stürmen auf seine Stellung zu, werden von den anderen im Lauf erschossen, doch einer schafft es bis zu André. André nimmt ihn über sich wahr und rammt ihm das Bajonett in die Brust! Der Soldat ist auf der Stelle tot und liegt neben ihm.

Er eignet sich seinen Deutschen Karabiner an und legt seinen Patronengurt um. Da er jetzt wieder ein Gewehr und Munition hat, ist er wieder kampfbereit. Kaum Zeit durchzuatmen, kommt von seinem Offizier das Signal zum Angriff! Alles springt auf und läuft in eine Stellung, die ca. 50 Meter weiter vor ihnen liegt. Sie gehen dort erneut in Deckung und sehen jetzt die ca. 30 Meter entfernt liegende Kirche. Die Kirchentüre steht bereits offen. Kurz vorm weiteren Vorgehen müssen sie sehen, dass sich deutsche Truppen bis zur Kirche vorgekämpft haben. Ein Tross von fünf bis sieben deutschen Soldaten begibt sich schnell aber vorsichtig in die Kirche. Einer der Soldaten bleibt vor der Kirche als Wache. Er geht in Deckung, da man ihn nicht mehr sehen kann und ihn deshalb nicht mit dem Gewehr erschießen kann, wirft einer der Franzosen aus Andrés Reihe eine Eierhandgranate in die Richtung des Deutschen. Doch diese Handgranate wird von dem Deutschen gefangen und sofort zurückgeschmissen. Die Granate explodiert an einer Stelle, wo sich niemand befindet. Der Deutsche kommt aus seiner Stellung, geht in die Hocke und begibt sich zügig an die Ecke der Kirche. Er läuft die Wand entlang, bis er an der Rückseite ankommt. Von da aus begibt er sich in den hinteren Teil der Kirche, bis er die Stellung der Franzosen wieder einsehen kann und sich in einer gedeckten Position befindet. Die Franzosen mit André starten den Angriff auf die Kirche. Alle stürmen die Kirche und von außen kann man hören, dass gerade die Hölle in dem Gotteshaus losbricht!

Doch einer bleibt draußen … André, der mitbekommen hat, dass ein Deutscher, der gerade eben noch eine Handgranate weg geschlagen hat, sich irgendwo verschanzt hat. Er sieht vorsichtig an der Seitenwand, mit dem Gewehr im

Anschlag, an der Kirche vorbei. Er macht einen vorsichtigen Schritt nach vorne und sieht, wie der Deutsche mit einem Deutschen Karabiner K98 im Anschlag auf ihn zielt. Beide Soldaten haben sich gegenseitig im Visier! Die Waffen sind entsichert und die Finger am Abzug! Sie versuchen ihre Atmung in den Griff zu kriegen und stehen sich ca. 5 m entfernt voneinander gegenüber. Sie hören beide aus der Kirche dieses Trommelfeuer, explodierende Handgranaten und die Schreie ihrer Kameraden. Sie beide zielen jeweils auf den Brustkorb des Gegners, doch in dieser Stellung verharrt verlassen die Augen von André die Visierlinie und er schaut in die Augen des Gegenübers. Beide haben das gleiche Gewehr in der Hand ... Und André sieht wie sein Feind trauernd den Kopf senkt. André nimmt langsam sein Gewehr runter und hat die gleichen Gedanken wie sein böser Gegner ... Was soll dieses Gemetzel? Sollen wir uns jetzt wirklich mit den gleichen Waffen umbringen? Wofür? Unter Tränen nehmen beide gleichzeitig den Kopf wieder hoch. Sie gehen aufeinander zu und reichen sich die Hand. Eddi, der deutsche Soldat, der auch französisch spricht, sagt zu André: „Tout le meilleur." Und André der zufällig auch der deutschen Sprache mächtig ist sagt zu Eddi: „Alles Gute."

So drehen sich beide um und gehen. Eddi geht zwei Schritte und dreht sich nochmal zu André um. Er sieht, dass André noch gar nicht losgegangen ist. André dreht sich auch wieder um. Es ist still um sie beide drum herum geworden. Auch aus der Kirche hört man mittlerweile keinen Mucks mehr. Sie haben sich alle gegenseitig abgeschlachtet. André geht auf Eddi zu und sagt, dass er keine Lust mehr auf töten hat. Eddi hat immer noch die Augen verweint und weiß gerade nicht, wie er ihm mit diesem

Klos im Hals sagen soll, dass er genauso fertig ist wie André … Sie setzen sich an die Wand der Kirche. Was wäre, wenn sie sich zusammen zu André nach Hause durchschlagen würden, und beide würden warten, bis dieser Krieg endlich vorbei ist?

Gesagt, getan! Sie geben sich ein zweites Mal die Hand. Diesmal in Freundschaft! Sie fangen an, sich durch die deutschen und alliierten Truppen zu schlagen. Beide kennen ihre Taktiken und so können sie jeglichem Feuer oder Feind aus dem Weg gehen! Eddi lebt bis weit über's Kriegsende bei Andrés Familie auf deren Bauernhof. Ihre Freundschaft soll bis zum Tode anhalten …

Über Eddi hat mir meine Mutter und auch mein Opa die nächste Geschichte erzählt. Eddi und André haben zusammen das Haus unweit vom Hotel gebaut. Sie konnten alles und machten alles. Doch alles, was auch nur im Entferntesten mit Gewalt zu tun hatte, wurde vehement verdammt!

So kam es, dass sich Eddi mit der Polizei an Heinz wandte ...

Auch kriminaltechnisch ist das Hotel relevant ... Heinz hat einen guten Freund in Kürten Hachenberg wohnen, er heißt Eddi, von Beruf ist er Artist. Er hat zwei Söhne, die denselben Beruf wie der Vater ausüben. Alle drei sind oft auf Reisen und kommen halt weit in der Welt rum. Die Arbeit als Artist wird fürstlich entlohnt und so haben sie ein Haus mit Swimmingpool, sie haben Pferde, einen Wohnwagen und auch sonst mangelt es an nichts. Eines Tages steht Eddi in der Gaststätte. Er nimmt Heinz zur Seite und hat eine wichtige Frage. Er sagt ihm, dass er einen neuen Wohnwagen gekauft hatte und sein alter Wohnwagen zum Verkauf steht. Jetzt hat sich jemand als Käufer gemeldet, den Eddi kennt. Er hat auf den Reisen mitbekommen, dass nach einem Betrüger, Räuber und Steuerhinterzieher, Europaweit gefahndet wird. Es ist John Caspers. Der Name sagte Heinz nichts. So fragte er zurück, warum Eddi ihm das erzähle und welche Frage sich daran anschließen würde. Eddi fragt ihn konkret, ob er ihn in seiner Gaststätte festnehmen lassen könnte? Heinz zuckt mit den Schultern und willigt interesselos ein. Am gleichen Tag erscheinen zwei Personen und weisen sich als Polizeibeamte aus. Auch bei ihnen willigt Heinz ein, seinen Laden der Polizei zur Verfügung zu stellen. Eddi und Heinz sowie die mittlerweile fünf Polizisten schmieden gemeinsam einen Plan, wie sie John dingfest mach können. Es ist wie folgt geplant. Der Wohnwagen wird auf den Parkplatz des Hotels gestellt und Eddi sagt ihm am Telefon, dass er in die Gaststätte gehen soll. Dort wird er von Heinz in Empfang genommen. Dann versperren die Kripobeamten den Gaststätteneingang. Er hat dann keine andere Möglichkeit mehr, als über den Hinterausgang zu fliehen. Doch da ist die nächste Sackgasse. Was nämlich wie der Hinterausgang aussieht, ist in Wirklichkeit die Toilette … Aber Heinz soll unbedingt aufpassen, da man davon ausgehen muss, dass Caspers bewaffnet ist. Und wenn er das ist, wird er diese auch versuchen einzusetzen. Heinz antwortet den Polizisten nur mit einem gelangweiltem: „Ja ja …"

So kommt es zum Tag X. Eddi hat seinen Wohnwagen auf dem Parkplatz abgestellt und Heinz wartet in seiner Gaststätte auf seinen „Gast". Die Schiebtüre in die Küche wurde von innen versperrt. Und so betritt John Caspers den Laden. Er schaut sich vorsichtig in der Türe stehend um und begrüßt Heinz mit: „Guten Tag, bin ich hier richtig?"

Heinz, der gerade seine Gläser poliert, lächelt ihn an und sagt: „Guten Tag … Ja, hier sind Sie richtig. Eddi sagte mir, dass Sie hier kurz warten sollen."

John setzt sich an einen Tisch und Heinz fragt ihn, ob er was zu trinken haben möchte. John willigt ein: „Ja, ein Bier bitte." Heinz bringt ihm das Bier und geht wieder hinter die Theke. Da geht die Eingangstüre auf und zwei Polizisten stehen in zivil in der Türe. Sofort springt John auf! Der Stuhl, auf dem er saß, fällt nach hinten um! John läuft hinter die Theke, um durch die verschlossene Schiebetüre aus dem Lokal zu kommen. Heinz greift gleichzeitig mit der Information im Hinterkopf, dass Caspers bewaffnet sein soll, nach seinem Porzellanaschenbecher. Er merkt gerade gar nicht, dass er auch seine im Aschenbecher abgelegte brennende Zigarette mit in der Hand hält. John drückt, zieht und rappelt an der Schiebetür und merkt, dass er da nicht durchkommt. Panisch, mit aufgerissenen Augen, dreht er sich zu Heinz hin und greift mit seiner Hand in die linke Brustinnentasche. Sofort schmeißt ihm Heinz mit aller Gewalt den Aschenbecher an den Kopf. Zeitgleich ziehen die beiden Polizisten auch ihre Waffen. Benommen, aber unter höchstem Adrenalin flüchtet sich John gebückt in die andere Türe. Es ist die Toilette! Die Falle kann jetzt also zuschnappen! Die beiden Polizisten stellen sich links und rechts neben die Türe und fordern ihn auf, mit erhobenen Händen rauszukommen. Andere Polizisten haben die Latrine von außen umstellt. Keinen Mucks hört man aus der Toilette. Einer der Polizisten lächelt Heinz an und flüstert: „Guter Wurf!" Heinz lächelt zurück und sagt: „Mal gucken, was ich hier noch so finde."

Es dauert nicht lange und die Türe öffnet sich einen kleinen Spalt. Eine Walther P38 wird von John Caspers in die Gaststätte geschoben. Ein Polizist greift nach der Waffe, der andere stürmt in die Toilette. Sofort kommen die anderen nach und fixieren ihn. Er wird mit den Händen auf dem Rücken aus der Latrine abgeführt. Obwohl Heinz richtig getroffen hat, kann man keinerlei Blessuren an seinem Kopf ausmachen. John bleibt an der Theke kurz stehen und verspricht Heinz Rache!

Im Haus gegenüber stirbt der alte Schuhmacher. Jetzt ist Frau Schmitz mit ihrem Sohn Willi alleine. Doch lange dauert es nicht, da hat sie einen neuen Freund. Ein Baustoffhändler aus Wipperfürth. Otto Speer ...

Ich persönlich habe ihn als lieben Onkel kennengelernt. Ich kann mich noch vage an Frau Schmitz, die ja für mich nur als Frau Speer bekannt war, erinnern, weil sie genau so aussah wie die Frau auf dem 20-DM-Schein ... Da war eine Frau mit Haarnetz abgebildet. Frau Speer starb, als ich noch Kind war. Das muss ca. 1980 gewesen sein.

Und Mitte der 80er Jahre bot meine Oma ihm an, dass sie für ihn mitkochen würde. Das nahm er dankend an und zeitgleich habe ich als Jugendlicher die Einfahrt im Winter vom Schnee befreit und ihm täglich zweimal die Ölöfen von Hand gefüllt ... Während oder nach dem Füllen erzählte er mir fast jeden Tag, wie er Polizist war und wie die Zeit als KZ-Häftling für ihn gewesen ist ...

Bei den meisten Erzählungen gefrort mir das Blut in den Adern. Er ließ sich am Ende, bevor er ins Altenheim kam, nur noch von Frauen helfen. Die Zeit im KZ holte ihn ein. Er wurde dort von Männern gequält. Deshalb wohl ließ er sich von mir nicht helfen.

Am Ende haben wir ihn nachts ins Bett zurücklegen müssen, da er immer wieder herausfiel. Einmal habe ich mit meiner Mutter zusammen an seinem Bett Wache gesessen und so lange gewartet, bis er einschlief ... Wir wollten gerade das Haus verlassen, da hörten wir ihn aus seinem Schlafzimmer her stöhnen. Wir eilten sofort zurück und sahen ihn in einem Albtraum liegen. Er stammelte einige unklare Wörter und stieß ein deutliches mit Hass im Gesicht stehendes „Heil Hitler" aus. Er wälzte sich hin und her und atmete tief und hastig. Ich weckte ihn, weil ich ihn leiden sah. Meine Mutter beugte sich zu ihm, nahm seine Hand und sagte: „Ich bin's, Brigitte, wir sind bei dir ..."

Otto schaute mit leerem Blick geradeaus und sagte: „Es sind doch noch Kinder. Wenigstens die Kinder!"

Es war für meine Mutter und mich so schlimm, dass er das alles mitgemacht hat und wir ihm nicht helfen konnten, dass uns die Tränen liefen.

Als er wenig später professionell betreut werden musste, wurde er ins Altenheim verlegt. Dort wurde er von Johannes Rau, der zu dieser Zeit noch Ministerpräsident von Nordrhein-Westfalen und nachher unser Bundespräsident war, besucht.

Otto Speer starb im Januar 1994. Wir, die Nachbarschaft haben ihn dann in Kürten beerdigt. Im nachfolgenden Text habe ich einige seiner Schilderungen aufgeschrieben.

Er beliefert die Familie Schmitz im Winter fast täglich mit Briketts. Zwar ist er ca. 20 Jahre jünger als Frau Schmitz, doch es dauert nicht lange und Otto Speer zieht nach Waldmühle zu seiner neuen Freundin. Frau Schmitz und Otto Speer sind als Paar wohl so unterschiedlich, wie es möglich ist ... Sie war im Dritten Reich in der NSDAP.

Und trotzdem bändelte sie mit Otto Speer an. Otto war von 1942 bis 1944 KZ-Häftling. Man sollte jetzt meinen, dass er es nicht wusste. Doch wieder weit gefehlt. Er weiß über nahezu alle Vergangenheiten seines Umfeldes bescheid. Als Zeuge soll er 1962 gegen einige KZ-Aufseher und SS-Soldaten in den Nürnberger Prozessen aussagen. Gegen die Leute, die er in den KZs gesehen hat, und die, die ihn im Gestapo-Gefängnis vernommen haben. Er wohnte mit seiner Familie in Tilsit ... Das ist wohl der allerletzte Ort im Deutschen Reich hoch oben in Ostpreußen. Dort geht er zur Schule und danach wurde er Polizist. Er war zwar Staatsdiener, doch war er nicht mit dem Regime einverstanden. So schmuggelt er insgesamt sieben Juden in seinem Auto über die deutsch-litauische Grenze. Er konnte es, ohne Angst zu haben, erwischt zu werden, da er eine Polizeiuniform trug. Polizisten wurden an der Grenze nicht kontrolliert. Doch leider stand eine Beförderung an. Der einzige, den er einweihte, war sein bester Freund. Einem von beiden sollte die Beförderung zuteilwerden. Daraufhin wurde Otto Speer verraten. Bei seiner letzten, der siebten Überfahrt wurde er kontrolliert. So wurde er der Gestapo überstellt. Als Häftling! Er wurde in diesem Gefängnis gefoltert, um weitere Namen herauszubekommen. Doch wusste er keine Namen. Ob er sie Preis gegeben hätte, wusste er auch nicht. Jedenfalls hat man ihm dabei die Fingerkuppe des Mittelfingers der rechten Hand so im Schraubstock zugedreht, dass er Teelöffel Platt war und auch so blieb. Er kam von da aus ins KZ und wurde alle sechs bis acht Monate verlegt. Da er Polizist war, hatte man Angst, dass er ausbrechen würde. Darum die ständige Verlegung. Es gab keine einzige Schandtat, die an den Häftlingen ausgelassen wurde. Sie durften sich nicht selber rasieren ... So wurden sie rasiert und beim Rasieren hat es täglich jemanden erwischt, dem sie die Kehle durchschnitten. Er berichtete davon, dass es unter den Häftlingen genauso Hierarchien gab wie bei den Wärtern. So nannte man manche auch „Henkershelfer"... Es waren die KZ-Häftlinge, die den Wärtern nötige Infos über andere Häftlinge zukommen ließen oder irgendwelche Drecksarbeit für sie ausführten. Meistens waren es ehemalige Zuhälter oder Soldaten und ganz selten auch SS-Soldaten, die in KZ-Haft verurteilt wurden ... Otto sah immer zu, dass er an solch einen Henkershelfer geriet, um ihm dann seinen Nachnamen zu sagen ... Speer. Er ließ den Wärtern die Info zukommen, dass er ein Verwandter von Albert Speer wäre. Da ein KZ und somit auch die Wärter eher von der Außenwelt abgeschnitten waren, stellte sich eine genaue Recherche immer als sehr schwierig da. So war es einfacher, Otto Speer am Leben zu lassen, als ihn zu ermorden. Das hätte dann eventuell richtigen Ärger für die Wärter eingebracht.

Sie mussten arbeiten in diesen Lagern. Zum Beispiel wurden Schuhe getestet. Wie lange eine Sohle hält, wenn sie ununterbrochen über Sand, Asphalt, Wiese oder Acker und Pflastersteine laufen. Morgens durften die Häftlinge ihre Notdurft verrichten und ab da wurden sie über den Parcours geschickt. Stundenlang gingen sie im Kreis und die, die stehen blieben, warum auch immer, wurden erschossen. Man hat ihm in dieser Zeit, einen Arm gebrochen, der dann von einem anderen Häftling, der Arzt war, mit Holz geschient wurde und mit Toilettenpapier verbunden wurde. Sie schlugen ihm alle(!) Zähne aus und man schlug ihm mit einer Schulterstütze eines Karabiners K98 zwei Löcher in den Schädel. Die Häftlinge wurden durch die banalsten Gründe nachts aus den Baracken getrieben und mussten auch im Winter stundenlang in Schnee und Eis stehen bleiben. Dabei sind ihm die Schienbeine so eingefroren, dass sie nie wieder auftauen werden.

Er war unter anderem auch im KZ Düsseldorf … Dort war er für einen Auftrag als Bauhelfer in der Stadt eingesetzt. Aber wer meint, man hätte dort erzählen können, was in einem KZ wirklich passiert, der muss früher aufstehen. Sie überließen nichts dem Zufall. So hat man die Bevölkerung im Vorfeld ausführlich über die demnächst kommenden KZ-Häftlinge informiert. Er wurde mit Bewachung auf die Baustelle geschickt. Und alle, aber auch wirklich alle waren auf ihn vorbereitet worden. Man hat ihnen erzählt, dass er ein Kinderschänder sei. Dass er sofort erschossen würde, wenn er den Mund aufmachen würde. Man hat die Bevölkerung systematisch auf die Häftlinge eingestellt.

Zitat Otto Speer: „Würden die Deutschen wissen, was wirklich in einem KZ passierte, wäre der Krieg 1942 vorbei!"

Er wurde Irgendwann aufs KZ Alderney gebracht. Doch als die Engländer an der einen Seite der Insel an Land gingen, hatte man einfach keine Zeit mehr, alle Gefangenen zu erschießen. So versuchte die SS, alle Häftlinge mit einem Schiff von der Insel zu bekommen ... Das nahmen Otto und noch fünf andere als Chance. Sie sprangen ins Wasser und schwammen wieder zurück. Die Engländer nahmen sie auf und übergaben sie ihren Sanitätern ... Otto arbeitete nach seiner sehr aufwendigen Genesung beim BBC in England und machte dort mit im Deutschlandfunk.

Er war bei den Prozessen 1962 in Nürnberg als Zeuge geladen und galt von da an als gefährdete Person.

Ich fragte ihn einmal, wie er mit einer Nationalsozialistin verheiratet sein konnte? Wie er es geschafft hatte, mit Leuten in einem Raum zu stehen, wo er genau weiß, dass sie damals bei der SS waren?

Er sagte: „Ich habe so viel Menschenblut gesehen ... Ich habe so viele Tote gesehen, die würden nicht in die Kölner Schildergasse passen! Ich will keinen einzigen Toten mehr sehen!"

Kapitel 22: Käthe, die Friseurin

Im Hotel geht es wie gewohnt zur Sache …!
Heinz und Käthe bedienen die Gäste und Mutter Gertrud kocht die Speisen auf alte Eifler Art. Die Leute sind von Ihrer Kochkunst begeistert und demnach hat Gertrud in der Küche sehr viel zu tun. Es wird nicht nach Zahlen oder Nummern bestellt, sondern man sagt, was man will. Es gibt eine kleine, sehr überschaubare Karte, oder, anders gesagt, es handelt sich hierbei eigentlich nur um Anhaltspunkte. Es gibt zum Beispiel: Kotelett mit Beilage. Die Beilage kann man sich selbst aussuchen. Es wird dann sofort von Gertrud zubereitet. Sie hat dabei so viel zu tun, dass sie sich Fisimatenten nicht leisten kann. Wenn Heinz in die Küche kommt und eine Bestellung abgibt, der Gast sich aber zwischendurch neu entscheidet, sodass Heinz wieder in die Küche muss, um die Bestellung zu ändern, kommt es nicht selten vor, dass Gertrud aus der Küche hinter die Theke stürmt und man durch ihre Brille riesige, äußerst ernste Augen sieht. Sie ist sowieso nicht gerade der ambitionierte Clown … Sie war und ist immer sehr streng und das Leben hat sie hart gemacht. Sie kann unheimlich bestimmend und laut reden. Wie schon gesagt, ist sie „der Feldwebel". Und dann klärt Sie selber die Bestellung mit dem Gast, auf ihre Art und Weise!

Sie haben alle drei eigentlich gleich viel zutun und deshalb müssen andere Sachen ab und zu zurückstecken … Da Käthe Friseurin gelernt hat, macht sie ihrer Mutter alle vier bis sechs Wochen die Haare … Zum Haareschneiden kommt dann auch das Färben hinzu. Gertrud bekommt ihre Natürliche Haarfarbe gefärbt, diese ist haselnussbraun. So muss Käthe vorm Haare schneiden jedes Mal nach Kürten in die Drogerie Molitor, um dort die Haarfarbe zu kaufen. Es handelt sich hierbei um die Haarfarbe Nr.22, haselnussbraun! Da momentan so viel Betrieb ist, kommt Käthe nicht dazu, die Haarfarbe zu kaufen. Gertrud fragt allerdings fast täglich, wann endlich ihre Haare dran sind. Sie wird jedes Mal vertröstet: „Mach ich morgen ... Ach, habe ich vergessen ..." oder sie bekommt „Och, der Molitor hat zu ..." zu hören.

Doch irgendwann platzt mal wieder Gertrud der Kragen. Sie schreit ihre Tochter an: „Willst du mich verarschen? Hoffentlich machst du mir jetzt die Haare!" Sie schreit so laut, dass es jeder in der Kneipe hören kann und gespannt Richtung Küche guckt. Um die Situation, wo sich Käthe eigentlich selber rein gebracht hat, zu entschärfen, begibt sie sich sofort nach Kürten. Bei Molitors im Laden ist auch schon angekommen, dass die Mutter ein wenig Druck gemacht hätte. Aber bei diesem Ärger soll es nicht bleiben. Die Farbe ist ausgegangen. Da aber Käthe in der Pflicht steht, muss sie heute die Haare ihrer Mutter machen. Da geht kein Weg dran vorbei! Also wird improvisiert. Sie benötigt Haarfarbe Nr. 22. Alle Farben sind da, nur Farbe Nr. 22 ist aus! Tja, dann nehme ich halt eben Nr.23, so viel unterschied wird wohl nicht drin sein, denkt sie sich. Unter hohem Zeitdruck bezahlt Käthe schnell die Haarfarbe Nr. 23 und macht sich auf den Weg nach Waldmühle.

Gertrud hat schon alles vorbereitet, im Wohnzimmer werden die Haare gemacht. Sie hat schon den Stuhl reingestellt und wartet am Fenster auf ihre Tochter. Käthe kommt mit der Farbe in der Hand rein und wartet, bis ihre Mutter auf dem vorbereiteten Stuhl Platz genommen hat. Sie fängt sofort an, die Haare zu frisieren ... Gertrud weiß nicht, dass ihre Tochter gerade Improvisieren musste. Käthe will jeglicher Art der Diskussion ausweichen und erzählt ihrer Mutter nichts davon, dass der Farbton ein Müh dunkler oder heller sein könnte.

Gertrud hat dabei ihre Brille abgelegt und da es im Wohnzimmer stattfindet, gibt es natürlich auch keinen Spiegel, wie es in jedem Friseursalon üblich ist. Nach dem Schneiden mischt Käthe die haselnussbraune Farbe an. Und wie gewohnt verarbeitet sie diese in den Haaren von Gertrud. Bis hierhin ist alles ohne besondere Vorkommnisse. Doch auf den zweiten Blick stellt Käthe fest, dass die Farbe doch ein wenig dunkler erscheint, als vorher vermutet … Und bei genauem Hinsehen wird die Farbe auch immer dunkler. Käthe entscheidet sich dafür, die Farbe sofort wieder auszuspülen. Doch Gertrud entgegnet ihr: „Nein, lass sie noch was ziehen! Das dauert sonst auch immer länger." dann hebt sie die Stimme und fragt: „Oder stimmt was nicht? Hast du die falsche Farbe gekauft?"

Käthe antwortet mit einer natürlich untermalenden Kopfbewegung und einem lang gezogenen: „Neeein! Wieso?"

Gertrud: „Nur so … ich mein ja nur?" Und zieht genervt die Augenbrauen hoch.

Doch es wird nicht besser, es wird stattdessen immer schlimmer. Die Haare sind jetzt mittlerweile Schwarz!

Käthe: „So …! jetzt kommt die Farbe raus."

Gertrud etwas lauter: „Wieso?"

Käthe: Darum! Halt still jetzt!" Käthe legt ihr den Kopf in den Nacken und über einem Eimer schüttet sie mittels einer Schüssel Wasser über den Kopf, um die Farbe rauszuspülen. Sie hat die Hoffnung, dass es nochmal gut gegangen ist. Doch leider hat sie damit schon wieder Pech… Die Haare sind so was von Schwarz! So Schwarz, dass sie schon bläulich schimmern.

Gertud: „Käthe, gib mir doch mal en Spiegel."
Käthe: „Hab ich keinen!"
Gertrud: „Gib mir mal die Brille!,,
Käthe: „Finde ich gerade nicht!"
Gertrud: „Lass mich doch mal gucken?"
Käthe: „Nee, geht gerade nicht. Da muss du auf's Klo gehen und gucken. Dies sagt sie ihrer Mutter, um genügend Abstand von ihr zu haben. Denn wenn sie die Haare sieht, weiß Käthe schon, dass sie wild vor Wut werden wird ...

Gertrud springt auf, schnappt sich ihre Brille, sieht dabei furchtbar böse ihre Tochter an, denn Käthe sagte, dass sie die Brille nicht hätte, obwohl sie neben ihr auf dem Tisch lag. Doch den Spiegel hat Käthe schnell genug verstecken können. Mit der Brille auf der Nase marschiert Gertrud los, Richtung Gästetoilette in der Kneipe. Sie kommt also aus der Küche hinter die Theke und will weiter gehen auf die Toilette. Sie bleibt verschreckt stehen, weil sie jeder mit aufgerissenen Augen ansieht. Mucksmäuschenstill ist es in der Kneipe. Heinz guckt sich seine Schwiegermutter an. Er lehnt sich salopp und Zigarette rauchend am Rückbüffet seiner Biertheke an und fängt langsam an zu lächeln.

Gertrud schaut ihn mit ihrem „Feldwebelblick" an und fragt: „Ist was?,,

Heinz, so trocken, wie es nur geht: „Gehste auf'n Strich?"

Sofort bricht Gelächter in der kompletten Kneipe aus. Gertrud, kurz vorm Platzen, führt ihren Weg in die Damentoilette fort. Durch zwei Türen hört man sie laut aufschreien. Derweil lässt Käthe alles fallen und rennt auf die Straße. Gertrud, mit forschem Schritt, kommt aus der Latrine und versucht ihre Tochter einzuholen. „Bleib stehen, du Sautier!", schallt es durch Waldmühle. Doch Käthe ist schneller ...

Kapitel 23: „Die Kur"

Käthe wird vom Arzt in Kur geschickt. Zunächst weiß sie nicht, wie das Geschäft ohne sie weitergehen soll. Doch durch konkrete Planungen sollten Heinz und Gertrud drei Wochen lang den Betrieb aufrechterhalten können. Auf die Nachfrage von Käthe erklärt der Arzt ihr, was eine Kur überhaupt ist … Demnach kann man diese Kur durchaus mit einem Krankenhausaufenthalt vergleichen, in dem eine Vielzahl von Anwendungen mit den Patienten durchgeführt werden. Es handelt sich hierbei also in keinster Weise um einen Urlaub, sondern um eine medizinische Notwendigkeit …!

Mit einem äußerst mulmigen Gefühl in der Magengegend verlässt Käthe Waldmühle und begibt sich auf die Reise in die Kur nach Travemünde. Sie hat ihrer Mutter und Heinz versprochen, dass sie sich täglich bei ihnen melden wird. In Travemünde angekommen, findet sie auf Anhieb gleichaltrige Leute, die gut gelaunt ihre Kur antreten. Und beim ersten Blick schon fragt sie sich, wo denn das Krankenhaus sei. Ok, es gibt einen Bereich mit Räumlichkeiten für „Leibesübungen" und ärztliche Behandlungsräume sowie ein medizinisches Schwimmbad … Aber diesen vom Arzt beschrieben Krankenhausbetrieb sucht sie vergebens. Stattdessen findet sie eine umfangreiche Partylokalität, einen riesigen Tanzbereich, eine Kneipe, wo sich die komplette „Kur" aufhalten kann, eine angedeutete Spielhalle und eigentlich alles, was man zu einem Cluburlaub benötigt. Mit einem Krankenhaus hat es jetzt mal eigentlich überhaupt nichts zu tun. Doch treu dem Motto des Oberbürgermeisters von Hamburg, Helmut Schmitt: Wat mutt, dat mutt!

Und so lässt jeder Anwesende seine „Kur" über sich ergehen …! Sie ruft in Kürten an und erzählt ihren ersten Eindruck ihrer Mutter und Heinz. Der hört sich die Geschichte an und denkt sich seinen Teil dazu. Er muss arbeiten und Madame geht in Kur!

Sauer ist er nicht, aber die Aufregung kann er nicht so richtig vertuschen. In der Kur bilden sich erste einzelne Grüppchen, die sich abends immer in dem Partybereich einfinden. Das erzählt sie auch am Telefon. Heinz versucht wegzuhören, doch es gelingt ihm nicht.

Nach kurzer Zeit wird im Animationsbereich des Kurhauses ein dritter Skatspieler gesucht. Käthe schreit laut „Hier!". Und, zack, da sitzt sie bei zwei Männern und spielt mit ihnen Skat. Am Telefon erzählt sie freudestrahlend Heinz, dessen Lieblingsspiel Skat ist, dass sie jetzt den ganzen Tag Skat spielen darf und denkt, dass sich Heinz für sie freuen würde. Ok, er freut sich selbstverständlich für sie, wird aber von Anruf zu Anruf eifersüchtiger!

Sie lernt beim Skat Erich kennen. Er kommt aus Duisburg, ist auch verheiratet und hat auch Kinder. Von Beruf ist er wie Heinz Blechschlosser. Er ist im Skatverein und spielt regelmäßig Skatturniere! Er kann unheimlich gut tanzen, ist ziemlich groß und von Natur aus braun gebrannt. Dazu trifft man ihn ausschließlich lächelnd an! Wie gewohnt erzählt sie das auch ihrem Mann am Telefon. Der hört zähneknirschend zu. So wie er antworten will, hört er, wie andere Frauen Käthe lachend vom Telefon wegziehen, um mit ihr feiern zu gehen. Das Gespräch wird so leider unterbrochen … Heinz versucht sich zu beruhigen und denkt sich, na warte! Wenn sie nach Hause kommt, gehe ich in Kur!

Derweil kann Erich so gut Skat spielen, dass niemand gegen ihn eine Chance zu haben scheint...! Und trotzdem versuchen sie es vehement, ihn zu schlagen! Auch das berichtet Käthe Heinz am Telefon! Heinz' Verhalten lässt sich erahnen. Sie erzählt ihm am Telefon, Tage später, dass sie Standing Ovation erhalten hat, da sie gegen alle im Skat gewonnen hat!

Es gibt eigentlich kein Gespräch, wo Heinz nicht vor Eifersucht platzen könnte. Und da er ja sowieso alles andere als cool ist, verfällt er in eine, ja, man kann sie wirklich als Kurzschlussreaktion bezeichnen ...!

Er setzt ich in sein Auto und fährt zum Arzt. Da stürmt er ein und rastet vorm Arzt förmlich aus! Ich will sofort in Kur geschickt werden! Wo und wie auch immer! Es reicht! „Meine Frau macht einen auf Lapaloma und ich muss Arbeiten! Jetzt bin auch ich mal dran!"

Der Arzt hat natürlich Verständnis für seinen „Patienten" und fragt ihn, worauf er ihn in Kur schicken soll.

„Das ist mir so was von scheißegal!", antwortet Heinz dem Arzt.

Da fällt dem Arzt auf Anhieb nur sein schlechtes Gehör ein! Und so wird die Sache rund! Der Arzt hat freie Wahl, Heinz loszuschicken. Er hat dabei folgende Sachen zu beachten. Als erstes muss Käthe wieder zuhause sein. Als zweites muss es dennoch zeitnah sein. Als drittes ist Heinz jedes Mittel recht. Der Zweck heiligt ALLE Mittel! Und so erhält er wenige Tage später einen Anruf des Arztes, dass er zwei Wochen nach Käthes Kur die eigene Antreten muss! Heinz ist außer sich vor Freude. Und so ist ihm jeder Anruf von Käthe mindestens ... egal! Käthe kommt derweil gut gelaunt und äußerst erholt aus der Kur zurück. Mit neuer Kraft begibt sie sich zurück an die Arbeit.

Der Arzt von Heinz spricht mit ihm noch die einzelnen Details ab. So soll er kurz unterschreiben kommen, dass es schnell losgehen kann. Auf Grund der Dringlichkeit wird er auf die Schwerhörigkeit in die Eifel in Kur geschickt. Dort muss er die drei Wochen in dieser Anlage bleiben und es gibt nur Zweibettzimmer! Alles klar! Heinz ist alles egal. Hauptsache Party! Er unterschreibt auch, dass ihn dort niemand rausholen kann, sonst kann die Versicherung Geld zurückfordern! Nur für den Fall, dass Käthe und Gertrud auf den Gedanken kommen, ohne ihn nicht fertig zu werden. Jetzt müssen sie mal zeigen, ob sie es drauf haben oder nicht! So begibt sich Heinz ebenfalls in die Kur. Es ist nicht Travemünde, aber Kur ist Kur!

Er kommt freudestrahlend am Empfang an. Dort weiß man schon, welche „Gebrechen" Herr Tritz hat. Und auch von der Dringlichkeit. So wird er mit einer sehr konzentrierten und langsamen Sprache sowie überdimensionierter Gestik aufgenommen.

Er bezieht sein Zimmer und es ist verhältnismäßig ruhig da. Er teilt sein Zimmer mit einem 80jährigen, der ihm auch sehr ruhig erscheint. Heinz fragt einen Arzt, der gerade über den Flur kommt, wer der Herr neben ihm im Zimmer sei. Der Arzt sagt ihm, dass er Herr Schmitz ist. Er hat die gleiche Krankenkasse wie Heinz und deshalb ein Zweibettzimmer. Er ist starker Schnarcher. Da Heinz als sehr schwerhöriger Fall eingestuft ist, hat man ihn mit dem alten Mann zusammengelegt, da ja Heinz ihn sowieso nicht hören könnte. Nach der ersten Nacht, wo Heinz kaum ein Auge zubekommt, weil das so extrem laut ist, geht er nachsehen, wo denn der Partybereich sei … Er sucht das ganze Haus ab, doch einen Partybereich findet er nicht. Schwimmbad? Fehlanzeige! Und nebenbei, beim Absuchen des Gebäudes, fällt ihm äußerst peripher auf, dass ihm nicht eine einzige Frau über den Weg gelaufen ist. Es gibt lediglich eine kleine Kneipe im Keller des Hauses. Doch die scheint schon lange unbenutzt zu sein. Er begibt sich in den Aufenthaltsraum. Dort sitzen wild verteilt in kleinen Sesseln mittleren Alters, ältere und ganz alte Männer und dösen vor sich hin. Heinz betritt den Raum und schreit: „Kann hier einer Skat?" Ein paar drehen sich ganz langsam zu ihm rum, schauen ihn entweder mit leerem Blick an oder schütteln langsam verneinend den Kopf.

Wiederum dauert es nicht lange und ein Arzt kommt zu ihm und bittet ihn um ein Gespräch. „Herr Tritz!", so der Arzt. „Sie können doch nicht hier einfliegen und die Männer so anschreien? Die wollen ihre Ruhe haben. Wenn Sie hier nur zur Party sind, dann sollten Sie lieber einen Urlaub gebucht haben! Und wenn Sie sich dafür jetzt entscheiden, werden Sie nach Hause geschickt, werden aber mit Sicherheit Ärger von Ihrer Krankenkasse erhalten. Seien Sie sich dessen bewusst!"

„Ist ja gut", entgegnet Heinz dem Arzt. „Ich brauche ja wirklich die Kur. Doch kann ich mich nicht so in die kleinen Sesselchen setzen und warten, dass alles vorbei ist."

Er versucht sich mit anderen aus dem Kurhaus anzufreunden. Der erste, mit dem er ein Gespräch anfangen will, sagt ihm, dass er an der Ostfront schwer verwundet wurde und seine Ruhe braucht. Heinz steht wortlos auf und setzt sich zum nächsten, der erklärt ihm, dass er lange in russischer Kriegsgefangenschaft war … Ok, Heinz wechselt wieder den Sitznachbarn. Er fragt den Herrn vor sich, warum er hier sei. Da bekommt er zur Antwort: „Ich bin Oberstleutnant der Wehrmacht! Wer hat Ihnen erlaubt, mich zu duzen?"

Heinz verdreht die Augen, steht auf und sagt ihm: „Du Idiot hast hier gerade noch gefehlt ... in der Sammlung!" Er verlässt den Saal.

Fast verzweifelnd versucht er mit seinem Zimmernachbarn ein Gesellschaftsspiel zu spielen. Der 80jährige Herr Schmitz willigt ein, mit Heinz Schach zu spielen.

Ok, denkt Heinz sich, wenigstens das könnte man ja machen. So besorgt Heinz ein Schachspiel und setzt sich gegenüber Schmitz, baut das Spiel auf und los geht's.

Nach dem dritten Schachzug schaut Heinz gespannt auf's Schachfeld, um die nächsten Züge im Geiste durchzugehen und abzuwägen, wie Herr Schmitz darauf reagieren würde, und nimmt auf einmal ein Geräusch wahr, was überhaupt nicht zu dieser Situation passt ...! Er guckt gerade aus und sieht Herrn Schmitz mit offenen Mund und geschlossenen Augen schnarchend vor sich sitzen!

Es soll der schlimmste „Urlaub" sein, den Heinz je erlebt hat, und er ist heilfroh, als er wieder in Waldmühle angekommen ist! Er steht wortlos, mit Hundeblick und einem riesigen Strauß roter Rosen vor Käthe.

Kapitel 24: Die dritte Generation wächst

Brigitte, die Erstgeborene, und Ruth, gehen völlig andere Wege, sie entwickeln sich grundverschieden, doch der Auslöser für ihre beiden Wege ist dennoch der gleiche. Brigitte, die ältere Schwester, wird ganz normal den elterlichen Betrieb übernehmen. Und Ruth kann sie dabei unterstützen. So sind Teile der Gedanken ihrer beider Eltern.

Brigitte ist 1951 auf Silvester geboren... Sie ist jahrelang das wichtigste in der Familie. An diesen Zustand gewöhnt sich ein kleines Kind ziemlich schnell. Und vier Jahre später wird Ruth geboren. Über Ruth kann ich nicht viel erzählen, da sie mit 17 Jahren schon ausgezogen ist und eine Lehre in Köln begonnen hat. Das einzige, was ich über sie sagen kann, ist, dass sie niemals halbe Sachen machen würde. Und wenn sie eine Entscheidung gefällt hat, dann zieht sie es durch!

Die Schule absolvieren sie beide normal ... Brigitte bleibt in der Nähe der Eltern. Aber beide haben die gleiche Gesinnung! Man muss sich vorstellen, beide haben folgendes gesehen ...

Eine Kneipe, in der sehr nette Leute, die nach harter getaner Arbeit ein Feierabendbier trinken wollen ... Nachbarn, auf die 100% Verlass ist ... Geschäftsleute, die wirklich mit beiden Beinen im Leben stehen ... Handwerker, die ihre Mittagspause an der Theke machen ... Beamte, die sehr diszipliniert auftreten ... Monteure, die um die ganze Welt reisen ... Die meisten der genannten Leute und Gruppen sind oft abends in der Kneipe zu sehen, wenn Ruth und Brigitte schon im Bett sind. Von morgens bis nachmittags, wo die beiden auch wach sind, befinden sich überwiegend besoffene Alkoholiker, Maulhelden, die in Wirklichkeit noch nichts auf die Kette bekommen haben, aber allen erzählen wollen, wie die Welt funktioniert. Diese Leute haben selbstverständlich eine abschreckende Wirkung auf jeden Menschen. Auch wenn die beiden Kinder noch klein sind, merken sie sofort, dass diese Leute kein Umgang für sie sind!

Dann haben sie einen Kettenraucher als Vater, der ihnen nur sehr wenig zuhört. Der sich vermeintlich überhaupt nicht für seine Kinder interessiert.

Das kommt allerdings daher, weil er extrem schwerhörig ist. Er hat durch den Beruf des Blechschlossers sein Gehör fast ganz verloren. Er kann keine hohen Töne hören und wenn durcheinandergesprochen wird, verlässt er den Raum, weil er überhaupt nichts mehr hört. Es macht ihn selber sehr fertig. Er sieht sich als Behinderter. Doch hat er es ja noch sehr viel schwerer! So meint er, dass ein Mann mit nur einem Bein von weitem als Behinderter wahrgenommen wird. Doch er, der ja schwerhörig ist, wird von der Gesellschaft als dumm angesehen. Was er nicht mitbekommt, ist, dass die ganze Familie unter diesem Gebrechen leidet. Denn um ihn am normalen Leben teilhaben zu lassen, muss sehr laut gesprochen werden. Oft wird sich angeschrieen und meistens ist es, weil Heinz nichts hört.

Ruth regelt die Sache auf ihre einfache und schnelle Art und Weise. Sie setzt sich wie gesagt von Waldmühle ab und zieht nach Köln. Brigitte bleibt in Waldmühle, will aber eigentlich das gleiche wie ihre Schwester … keine Besoffenen! Keine Raucher! Keine Asozialen! Diese 3 Merkmale werden als Kern genommen, sich mit anderen Menschen abzugeben! Sollte bei einem eines nur im Geringsten zu erkennen sein, wird sie diese Person wie eine heiße Kartoffel fallen lassen! Geld spielt dabei überhaupt keine Rolle. Sie hat eine gute Clique, die sich einen Partyraum in Kürten im Unterdorf einrichtet und dort viel Spaß hat. Die meisten sind im Besitz eines Führerscheines und so fährt man auch auf andere Partys. Doch übermäßiger Alkohol und Asozialität werden nicht geduldet!

Eines Nachts kommt es unweit vom Hotel zum folgenschweren Unfall und vier der 10- bis 20-köpfigen Gruppe verunglücken tödlich auf dem Nachhauseweg einer Party. Sie sind bis zur Unkenntlichkeit entstellt! Das hält die Gruppe nicht aus. Sie gehen wieder alle eigene Wege.

Dadurch lernt Brigitte jemanden aus Bergisch Gladbach kennen. Es ist Ulli, er kommt aus gutem Haus und er verachtet Alkohol und Zigaretten!

Viel mehr noch, er ist Mitglied im Schützenverein Bergisch Gladbach, Ortsteil Hand, auch dort und bei diversen Schützen und Volksfesten trinkt er keinen Tropfen Alkohol!

Jedoch akzeptiert er jeden, der seinen Lastern und Süchten nachkommt.

Er ist kein Angeber und auch kein Dummschwätzer. Er ist gelernter Kaufmann und seine sportlichen Aktivitäten begrenzt er auf tanzen in der Tanzschule seiner besten Freunde. Also genau das, was sich Brigitte wünscht.

So stellt sie ihn in Kürten vor.

Heinz und Käthe sowie Oma Gertrud lassen Ulli auf sich wirken. Und nach einigen Monaten stellen sich einige Fragen … Heinz und Käthe haben erhebliche Zweifel daran, dass er in die Familie passen würde. Sie benötigen jemanden, der mit anpacken kann! Er kann zwar arbeiten, doch die Begeisterung an der Arbeit in der Gastronomie lässt nicht nur zu wünschen übrig, jeder kann ihm ansehen, dass er seine Arbeiten wider Willen ausführt. Käthe und Heinz haben Angst, dass sich Ulli zum Bremser entwickeln würde. Doch Oma Gertrud beschwichtigt mit ihrer Meinung, dass man mit den Aufgaben wachsen würde.

Und so heiraten Brigitte und Ulrich. Sie heißt jetzt Migenda.

Kapitel 25: Brigitte kriegt ein Kind

Im August 1976, also 98 Jahre nach der Geburt von Josef Tritz, werde ich in Bergisch Gladbach mit Blick auf den Kölner Dom geboren. Ich bin jetzt der Urenkel vom alten Familienoberhaupt, das allerdings 1956 verstarb ...

Sie ziehen offiziell für ca. drei Jahre nach Bergisch Gladbach Hand, beziehen die Wohnung aber eigentlich nur am Wochenende. Da Brigitte in Kürten gebraucht wird, kommt die kleine Familie zurück ins Hotel nach Waldmühle! Ich lerne von meiner Uroma Kindergedichte auswendig und unter anderem lerne ich Lieder zu flöten. Da Brigitte mittags nicht zuhause ist, bekomme ich von den Gästen an der Theke die Bergische Mundart anerzogen. Brigitte findet das überhaupt nicht gut, doch sind sich alle einig, dass jeder sich mit seiner Heimat identifizieren darf und auch stolz drauf sein sollte!

Außerdem hat man vor, Kürten-Bechen und Kürten-Dürscheid nachzueifern. Beide Dörfer haben sich dem Karneval zu eigen gemacht ... Angefangen hat Bechen! Mit Käthe Broichhagen, sie ist auf Weiberfastnacht (Karnevalsdonnerstag) mit einigen anderen Frauen, über die Straße von Bechen als erster Karnevalszug gelaufen. Dadurch setzte sich in einer rasenden Geschwindigkeit ein Rad in Bewegung. Und die Karnevalsfreunde Bechen von 1952 e.V. waren geboren. Sie sind jetzt mehr als 20 Jahre im karnevalistischem Geschäft und organisieren mittlerweile schon Karnevalssitzungen in der Sporthalle in Kürten. So hat man vor, in Eigeninitiative gleiches in Kürten starten zu lassen. Man nimmt sich den Karnevalssamstag und organisiert einen eigenen Karnevalszug. Dann geht, nach relativ kurzer Planung, der erste Karnevalszug von

Kürten am 04.02.1978 um 14:30 Uhr los. Mittendrin geht selbstverständlich auch das Hotel Tritz mit!

Waldmühle geht als Clowns verkleidet und Heinz hält seinen anderthalb Jahre alten Enkel Thomas auf dem Arm. Der Zug läuft unter dem Motto „Noch en Pröbchen" und die Zeitungen werden von einem sehr gelungenem Zug berichten ... Mit dem jüngsten Narren im Rheinland – Thomas Migenda!

Als Kürten mit Karneval angefangen hat, ist bei Heinz etwas tief in seiner Seele neu gestartet! Man darf nicht vergessen, dass er als kleiner Junge Willi Ostermann (wenn auch nur kurz) kennengelernt hat. Dabei muss er sich mit Karneval infiziert haben ...

Das bin ich, auf dem Arm von meinem Opa

Ich hoffe, es hat euch gefallen.